中国生猪产业发展研究

郑文堂 邓蓉 王大山 肖红波 著

中国农业出版社

图书在版编目（CIP）数据

中国生猪产业发展研究 /郑文堂等著．—北京：中国农业出版社，2014.2
ISBN 978-7-109-19487-8

Ⅰ.①中… Ⅱ.①郑… Ⅲ.①养猪业-产业发展-研究-中国 Ⅳ.①F326.33

中国版本图书馆CIP数据核字（2014）第189024号

中国农业出版社出版
（北京市朝阳区麦子店街18号楼）
（邮政编码100125）
责任编辑 姚 红

中国农业出版社印刷厂印刷 新华书店北京发行所发行
2014年2月第1版 2014年2月北京第1次印刷

开本：880mm×1230mm 1/32 印张：6.5
字数：175千字
定价：35.00元

前言

猪为“六畜”之首，“猪粮安天下”。改革开放以来，特别是进入21世纪以来，我国畜牧业呈现出迅猛发展的态势，目前已成为我国农业和农村经济发展中最具活力的支柱产业，其中的生猪产业发展对于改善我国居民的饮食结构、增加居民动物蛋白质的摄入量起到了不可替代的作用。

也正是由于在我国居民动物蛋白质的摄入量中猪肉占到了绝大的比重，生猪养殖业的波动或是猪肉价格的波动，都会直接对我们的社会经济生活产生巨大的影响。或是生猪养殖者大面积亏损，或是猪肉的消费者由于涨价而被迫减少消费量，或是由于猪肉价格暴涨而引起我国居民消费价格指数（CPI）的上升。总之，我国的生猪产业以其在满足社会食品需求中所占有的特殊地位，引起了社会各界的极大关注。因此，深入研究中国生猪产业发展问题具有重要的现实意义。

基于对我国生猪产业发展的长期关注，本研究历经5年的时间，期间作者主持的研究项目涵盖“保障我国畜产品食用安全对策研究”“基于生鲜猪肉安全的北京畜牧企业管理创新研究”“中国生猪产业链研究”“农业创新与农业多功能拓展研究”“生猪产业链各环节成本收益分析”等省部级以上科研项目。本书是5年来多个项目研究成果的综合体现。

本书从我国生猪产业发展概述、我国生猪生产区域布局与经营规模分析、我国生猪生产效率分析、我国生猪生产波动分析、我国生猪价格波动分析、我国生猪进出口贸易分析、我国生猪产业链分析、我国生猪产品质量安全问题分析和未来我国生猪产业的发展趋势与政策建议几大部分对中国生猪产业做了较为全面的分析研究。由于作者水平有限，本书难免存在不足之处。另外，有关生猪产业发展的某些观点和问题也尚待进一步研究和探讨，敬请专家和读者批评指正。在本书的写作过程中，参考和借鉴了许多同行专家和学者的论文和论著，从中获益颇多，在此深表感谢。

另外，在本书的具体写作和出版过程中得到了国家社科基金项目“保障我国畜产品食用安全对策研究”（项目编号：13BGL098）、北京市属高等学校创新团队建设项目“基于生鲜猪肉安全的北京畜牧企业管理创新研究”（项目编号：IDHT20140510）和北京市属高等学校人才强教深化计划项目“畜牧经济与畜产品贸易”（项目编号：PHR201106136）的支持和资助，在此一并表示感谢。

作　者

2014年1月

目 录

第一章

我国生猪产业发展概述

猪为“六畜”之首，“猪粮安天下”。改革开放以来，特别是进入 21 世纪以来，我国畜牧业呈现出迅猛发展的态势，目前已成为我国农业和农村经济发展中最具活力的支柱产业，特别是生猪产业发展对于改善我国居民的饮食结构、增加动物蛋白质的摄入量起到了不可替代的作用。也正是由于我国居民在动物蛋白质的摄入量中，猪肉占到了绝大的比重，生猪养殖业的波动或是猪肉价格的波动，都会对我们的社会经济生活产生巨大的影响。或是生猪养殖者大面积亏损，或是猪肉的消费者由于涨价而被迫减少消费量，或是由于猪肉价格暴涨而引起我国居民消费价格指数（CPI）的上升。总之，我国的生猪产业以其在满足社会食品需求中所占有的特殊地位，引起了社会各界的极大关注。

第一节　我国生猪产业的发展历程

生猪产业是我国农业的重要组成部分。我国既是世界上的生猪生产大国，也是世界上的猪肉消费大国。我国生猪饲养量和猪肉消费量均占世界总量的 50%以上，占我国国内肉类消费总量的 60%以上。自从改革开放以来，我国畜牧业开始持续高度发展，生猪产业也在其中不断发展，但同时猪肉产量占肉类总产量的比重却呈现不断下降的趋势，这与我国居民消费的牛肉、羊肉、禽肉的更快速增长有着密切关系。在 1980 年，我国肉类总产量为 1 205.50万吨，猪肉产量为 1 134.10 万吨，猪肉占肉类总产量的比重达 94%。2013 年我国肉类总产量为 8 536.00 万吨，猪肉产量为 5 493.00 万吨，猪肉占肉类总产量的比重却减少为 64%。在 33 年间，我国猪肉的产量增加了 3.8 倍，但猪肉占肉类总产量的比重却下降了 30 个百分点。

在我国经济发展进入 21 世纪以来，我国生猪产业也从单纯追求数量增长逐渐转变到追求数量、质量、结构和经营效益并重的新时代。近年来，我国生猪产业的综合生产能力和市场保障能力都有了进一步提高，基本满足了我国不断增长的对于猪肉及其加工品市场消费需求。同时，我国生猪产业的发展对于农民持续增收也做出了重要贡献。纵观我国生猪产业发展的历程，大致可以分为五个阶段。

第一阶段是改革开放前的生猪产业曲折发展阶段，时间大致为 1949—1978 年期间。在 1949 年新中国成立以后，我国经历了短暂经济恢复时期，此后受接踵而来的“合作化运动”“大跃进”和“文化大革命”的影响，生猪产业发展非常缓慢。生猪以农户的农副业养殖为主，生猪养殖效率低，生猪出栏率低，猪肉的市场供给明显短缺，在猪肉供给紧张时，大城市居民甚至要通过发放“猪肉票”来限制消费。

第二阶段为农村改革初期生猪产业恢复发展阶段，时间大致为 1978—1984 年期间。随着我国农村改革开始，农村土地联产承包制逐步落实，1979 年《中共中央关于加快农业发展若干问题的决定》发布，使农户有了生产经营自主权，养殖畜禽的积极性大大提高，我国畜牧业的所有制和生产体制出现了新变化，这都促使我国的生猪出栏量不断增加。1978 年，我国生猪出栏量为 16 110万头；到了 1984 年，我国生猪出栏量为 22 047 万头，比 1978 年增长了 36.85%。随着生猪出栏量的增加，有效地缓解了当时我国猪肉供应短缺的局面。

第三阶段为生猪产业供求平衡的快速发展阶段，时间大致为

1985—1997 年。随着我国生猪产销经营体制改革的不断推进，生猪产业出现了强劲的发展势头，这使我国生猪产业进入了供求平衡的快速发展阶段。1985 年 1 月，中共中央、国务院发出《关于进一步活跃农村经济的十项政策》发布，生猪购销政策全面放开，取消了生猪派养派购，开始实行生猪自由上市交易，这为养猪业的发展提供了新的契机。1988 年农业部提出建设“菜篮子”工程，施行后全国猪肉产量从 1990 年的 2 281.10 万吨猛增到 1997 年的 3 596.30万吨，年均增长率达 6.7%，全国人均占有量达到 29 千克，我国猪肉市场第一次实现出现供求平衡，彻底扭转了长期以来猪肉供应短缺的局面。

第四阶段为生猪产业结构性调整阶段，时间大致为 1997—2006 年。这一时期我国生猪产业进入了以市场为导向，以提高质量、优化结构和增加效益为主线的结构调整阶段。从 20 世纪末开始，制约我国畜牧业发展的内外部因素日益复杂多样，生猪产业也同样面临着市场和资源的双重约束和保护生态环境压力，促使生猪产业进入以市场为导向，以提高质量、优化结构和增加效益为主线的调整发展阶段。生猪产业也逐步由追求数量型增长向追求质量效益型增长转变，生猪养殖方式由散养为主向专业化饲养和规模化饲养转变。同时生猪产业发展也逐步向优势区域集中，生猪产业整合速度加快，初步形成了以养猪龙头企业带动农户养猪的产业化发展体系。

第五阶段是生猪产业规模化、标准化、产业化同步发展的现代化发展阶段。时间为 2007 年至今。在这一阶段，我国畜牧业进入新世纪的发展方式转变时期，其主要特点是构建长效发展机制，促进我国畜牧业持续健康发展，实现我国畜牧业现代化。自进入 21 世纪以来，我国的生猪产业在保持快速增长的同时，也面临着生猪生产和猪肉价格周期性波动的困扰。面对生猪产业存在的新问题和新挑战，在 2007 年国务院发布了《关于促进生猪生产发展和稳定市场供应的意见》，提出要加大扶植生猪产业发展的政策支持力度，建立保障生猪生产稳定发展的长效机制，并出台了一系列扶持生猪生产发展的政策。这些政策措施对于提高我国养猪农户的养殖积极性有着重要的作用，对于促进生猪产业养殖方式的转变以及推动生猪产业向产业化、规模化和标准化发展意义重大，对于保障我国生猪产业的长期稳定发展也起到了非常重要的作用。

总之，我国的畜牧业已经从1980年以前的属于家庭副业、畜产品供不应求、在农业中处于补充地位，转变为实现了畜产品供求平衡，成为农业中的支柱产业。同时，我国的生猪产业在促进乡村社会发展和实现农民增收中都起着十分重要的作用。

第二节　我国生猪产业的发展路径

一、确立具有中国特色的生猪产业发展组织路线

针对我国目前仍然有一半左右的生猪出栏量来自于农户饲养的现实，我国生猪产业的组织路线就必须充分考虑农户饲养生猪的因素。尽管规模化、专业化生猪饲养存在着诸多的优势，但其带来的大量集中排放的畜禽粪污处理问题依然困扰着规模猪场的发展，全部实行无害化处理将会大幅度增加经营成本，而不实现无害化处理又会造成一定程度的环境污染，这种两难的困境使得我国生猪产业规模化、专业化发展难以在短期内覆盖到全部的生猪产业。

（一）小型规模化种养结合的生猪饲养农户是我国生猪产业的微观经营主体

自从我国实行农村改革以来，以农户为基本经营单位的农村家庭经营就成为我国农村经营的主体，农村生猪养殖也同样是以家庭为基本经营单位。农户家庭养殖经营机制比较灵活，适应市场变化的能力较强，但同时也有因为各自分散进行经营决策而带来的畜产品产量不稳定的问题。比如，一旦猪肉价格开始上涨，各自分散进行经营决策的农户都会认为增加养猪会有利可图，农

户各自分别增加养猪数量的结果就是使下一个供应周期生猪供货量过大，结果造成由于猪肉的供过于求而出现价格下跌。如此往复，结果就使生猪产业长期难以实现供应稳定和价格稳定，这既会影响到猪肉的市场供应，也会影响到养猪农户的养猪积极性。

生猪的农户饲养与大规模的企业化经营相比较，具有组织成本低、沟通协调成本低、内部环节少、运行费用低等优点。而且我国农户家庭养猪经营大多都实行种养结合，即每个农户既养猪也耕种农田，由于农户养猪规模较小，其排放的粪污基本上能够实现作为有机肥料还田，因此避免了由于粪污集中排放带来的环境污染，这对于我国乡村生态环境保护和实现乡村可持续发展都是有益的。另外，养猪农户实行种养结合，其使用的精饲料和青饲料、粗饲料大部分或全部来源于农户自产，不依赖于市场采购，这样就能减少经营中的流动资金占用，降低了实际经营成本，间接地增加了盈利的范围。同时，实行种养结合的农户，可以用农家肥代替化肥，这也节省了其从事种植业的化肥投入，降低了种植业经营成本。

未来可以通过政府引导等多种途径逐步实现养猪农户的组织化，以减少由于农户分散进行经营决策而带来的生猪养殖不稳定和猪肉价格的不稳定。同时，通过吸引养猪农户加入各类养猪组织（比如养猪合作社、乡村养猪协会等），也可以促进与生猪养殖相关的科技成果向农户推广，向农户普及科学养猪知识、普及保障食品安全的知识和法规，从源头上实现对于生鲜猪肉安全的根本保障。

（二）发展生猪产业的社会化服务，建设现代生猪产业的服务体系

无论是分散经营的小规模种养结合的养猪农户，还是乡村养猪合作社的经营组织，或是规模化养猪的专业化大型猪场，都需要社会化的服务体系为生猪产业提供规范的服务支撑。对于我国生猪产业体系中的微观经营主体——养猪农户，只有提供了良好

的社会化服务，才能使他们更好地实现种养结合，才能有效地降低其养猪成本，才能促进其实现生态化健康养殖，才能实现养猪经营者与乡村环境的和谐，才能使生猪产业走上可持续发展的道路。因此，必须要发展生猪产业的社会化服务体系，为养猪业提供技术支持和服务保障，最终促使我国生猪产业稳定发展。

现代生猪产业的社会化服务体系首先包括良种繁育服务业。基础母猪与种公猪的饲养繁育，需要多方面的专门技术，不是每个普通养猪农户都能掌握的。因此，政府需要专门设立或专门扶植基础母猪与种公猪的饲养繁育场，并在生猪的主产区合理布局这些饲养繁育场（比如每个县拥有1个，或每个地市拥有2个等），专门为当地养猪农户提供优质仔猪。这些繁育场在提供优质仔猪的同时，也可以向养猪农户输出科学饲养、高效管理等技术和经营理念，并进行饲养指导与技术咨询等服务。作为生猪产业社会化服务体系的重要内容，这些繁育场就具有一定的公益性质，因此应该享受政府的相关补贴。

其次，现代生猪产业的社会化服务体系还应包括通过建立地方特色生猪品种的保种场，以保护我国特有的生猪优质资源基因库。建立保种场需要政府出资，生猪优质资源基因是国家的资产，保种场是社会公益事业，无法按照市场化运作规则来进行经营。保种场保存的我国生猪优质基因资源，是我国未来生猪育种的必备素材，是我国生猪产业未来进行新品种选育和相关科研开发的基础，在这方面需要各级政府投入大量的资金予以支持。

第三，现代生猪产业的社会化服务体系还应包括便利的防疫服务、兽医兽药服务。经过多年的建设，我国自上而下虽然建立了较为完备的动物防疫监督机构，防疫工作能力和工作水平明显提高，但从全国来看，仍然存在基础设施相对简陋、仪器设备老化和检测手段落后等诸多的问题。据统计，我国每年因动物疫病所造成的直接经济损失多达300多亿元，间接损失800多亿元。除此之外，动物疫病也严重影响到我国生猪产业的健康发展。目前，我国动物疫病防治体系基础设施薄弱已成为制约我国生猪产业健康发展的主要瓶颈，因此，加强我国动物防疫体系建设已经刻不容缓。我国未来要建立一个什么样的动物防疫体系，现有的生猪疫病防疫体系如何进行改革，如何建立无规定疫病区等问题，都需要进行深入探索与仔细研究。

第四，现代生猪产业的社会化服务体系中的饲料服务业。几十年来，我国饲料工业从无到有、从小到大高速发展，目前已成为我国国民经济中的一个重要行业，我国已经成为世界上第二大饲料生产国。然而，我国的饲料质量却不尽如人意。健康的饲料是生猪健康养殖的前提，也是保障我国生鲜猪肉食用安全的基础。从全国来看，我国饲料生产经营的条件较差，有些产品质量也令人担忧，滥制、乱用饲料添加剂的现象依然存在。这对我国生猪产业可持续发展和人民群众的身体健康构成了极大的威胁。在新的形势下，如何加强饲料质量安全监管以保障动物健康，如何向广大生猪饲养农户提供优质的生猪饲料，以及如何建立“从农田到餐桌”的食品安全质量控制体系，这将是我国各级政府必须面对的现实难题。

第五，现代生猪产业的社会化服务体系中的生猪屠宰加工服务业。现在，我国生猪产品加工都采取市场化运作方式，由生猪经纪人联络出栏生猪来源，并将其集中后运往生猪屠宰机构。规模化的生猪屠宰和猪肉加工机构属于资本实力较强的工商企业，在市场交易中，生猪定价的“话语权”在生猪屠宰和猪肉加工机构这一方，其次才是生猪经纪人，最后才是生猪饲养农户。在一般的情况下，生猪饲养农户只是生猪市场价格的被动接受者。养猪农户一直处于弱势一方，在生猪价格下跌的市场形势下，养猪农户只能被迫接受较低的生猪收购价格，直至形成难以承受的亏损；当市场生猪货源短缺，猪肉价格上涨时，生猪产业链下游的各环节获利会增加，而养猪农户获得的涨价利益也是有限的。未来只有强化生猪屠宰加工环节对于养猪农户的服务，并使生猪产业终端市场的获利能够在产业链各环节之间公平地分享，才能有效地稳定我国生猪产业的发展。

第六，现代生猪产业的社会化服务体系中的终端市场销售服务业。在我国，生猪产业链的终端市场主要是指大型农副产品批发市场、农贸市场和超级市场等批发和零售机构。在发达国家，政府会把农副产品批发市场定位为公共服务设施，由所在地政府出资建设，为所在地公众提供便利的服务，有时也可以委托专业公司来管理这些农副产品批发市场。如果农副产品批发市场可以定位为公共服务设施，那就理应由政府出资建设，而且其运营的宗旨就是服务于农副产品生产经营者和广大的消费者，这种定位对于稳定我国的国内食品市场消费价格，对于稳定农副产品的生产经营和农副产品市场消费都会很大的促进作用。

（三）组建生猪产业联盟，实现生猪产业链一体化运营

提高我国生猪产业的组织化程度，关键是提高整个生猪产业链的组织化程度，而不仅仅是提高养猪农户的组织化程度。在我国的生猪产业链中，种植业（提供饲料粮食）与养殖业是分离的；养殖业与屠宰加工业也是分离的；猪肉加工业与其产品销售还是分离的。由于生猪产业链不是一体化运营，生猪产业链的成员都是互相独立的市场主体，它们各自都追求自身的利润最大化，那么，在市场竞争的状态下，生猪产业链就不能稳定协调地实现一体化运营，必然会出现供应短缺与供应过剩不断交替的恶性循环。

当今的世界是全球化发展的世界，国与国之间的竞争往往表现为整条产业链对整条产业链的竞争，是产业链条的主导者之间的竞争。我国强调生猪产业的产业化发展或组织化发展，但恰恰缺少生猪产业链层面整体性的组织化，生猪产业链上每个环节的成员都像是“盲人摸象”，都把“局部”当作“全部”，结果使得整条生猪产业链运营效率低，更是难以实现生猪产业链的一体化运营。

生猪产业链包含上中下游，具体包括种植业、养殖业、屠宰加工业、物流配送业、销售服务业等，其产业链覆盖了种养加工运销等多个环节。在我国当前的生猪产业链中，养猪农户所从事

的仅仅是其中的种养环节，而且又是生猪产业链中实力最脆弱的环节。未来各级政府在引导养猪农户构建农民合作经营组织提高组织化程度时，也要着眼于提高整条生猪产业链的一体化运营程度，因为农户组织化程度低和生猪产业链一体化程度低都是障碍我国生猪产业稳定持续发展的因素。

我国生猪产业要靠组织化的力量来稳定农户饲养，也要靠整条生猪产业链的一体化运营来维系稳定的生存和持续的发展。只有把我国生猪产业链的上中下游结合起来，形成完整的一体化运营体系，组建多个生猪产业联盟，把农工商、产学研都组织协调起来，才能实现我国生猪产业的高效、稳定和可持续发展。

二、构建具有中国特色的生猪产业发展技术路线

（一）生猪产业发展布局科学化

我国未来生猪产业发展必须要走生态环保之路，必须要走高效发展之路。要实现生态环保，就不能产生对生态环境的危害，生猪养殖的粪污处理就必须是无害化的（决不能对环境形成危害）、必须是资源化利用的（比如生产沼气或加工成有机肥料等）。要实现高效发展之路，就必须针对我国乡村耕地资源有限的现实，既要靠近耕地又要尽可能少的占用耕地。靠近耕地，这有利于生猪养殖产生的大量粪污就近处理和就近作为有机肥施用于农田；尽可能少的占用耕地，这有利于保障我国的粮食生产稳定发展，保障我国基本的粮食安全，这又是实现我国畜牧业持续发展的必要条件（畜牧业发展需要消耗大量的粮食作为其饲料）。

因此，我国生猪产业的科学布局必须是在耕地广阔和粮食产量丰沛的区域发展生猪产业，这样既能就近解决生猪产业所需饲料粮的就近供应问题，也能解决生猪养殖产生的大量粪污就近处理和就近作为有机肥施用于农田的问题。只有实现我国生猪产业布局科学化，才能使我国生猪产业发展实现可持续和高效率。

（二）生猪养殖的猪舍、设施与设备的标准化

当前我国生猪养殖的设备与设施标准化程度低，这不利于提高我国生猪产业的养殖效率。生猪养殖的设备与设施标准化程度低，就使生猪饲养中需要数量较多的人力投入，而且人力劳动还多为重体力劳动。当前在我国乡村，一方面由于外出择业者增加而使留在乡村的劳动力数量减少，形成了生猪饲养雇用劳动力的困难；另一方面也由于生猪养殖劳动过于繁重，因而劳动力工资上涨，这就阻碍了生猪养殖规模的扩大（因为雇用劳动力会影响到生猪养殖的获利水平）。

在发达国家，由于其生猪养殖设施与设备的标准化程度高，因而容易实现生猪饲养的机械化和自动化，这样就可以使劳动者摆脱繁重的体力劳动，而且大大节约由于雇用劳动力增加而产生的经营费用。我国未来生猪养殖环节也必须走设备与设施标准化的路径，这样就可以在使劳动力摆脱繁重体力劳动的同时，实现机械化与自动化，进而提高生猪养殖的经营效率。

在未来的生猪产业发展中，首先要实现生猪养殖中猪舍的标准化，进而再实现配套设备与设施的标准化。只有实现了基础设施的标准化，才能为进一步实现自动化奠定基础，提高我国生猪的养殖效率也才有了科学的前提。比如，生猪养殖效率提高必须要使猪生活在适宜的温度环境中，解决猪舍夏季的防暑降温问题就需要配置专门的通风降温设备。如果猪舍都是标准化的，那么通风降温设备的生产企业就可以大批量生产和供应这些设备，由于生产批量大，其价格也就会下降，这样就能促使生猪养殖机构购置设备成本降低。而以较低的成本投入来提高生猪养殖的效率正是我国生猪养殖环节的迫切需求。

总之，无论是从提高生猪养殖的效率来看，还是从生态养殖科学处理粪污来看，或是从减少人力投入和减轻重体力劳动来看，实现我国生猪养殖中从猪舍到养殖设备与设施的标准化都是我国生猪产业发展的必经之路，也是我国生猪产业健康高效发展不可

或缺的重要环节。

另外，标准化的猪舍和标准化的养殖设备与设施，能给猪提供有益于健康的生存环境，这将有益于防疫措施的开展，有益于生猪各种疫病的防控，有利于为社会提供安全健康的猪肉产品，当然也有利于保障全社会的食品安全。

（三）建立我国的生猪良种繁育体系

生猪良种繁育体系是我国生猪产业发展的重要基础。改革开放以来，我国在生猪良种繁育、推广、利用等方面已经做出了不懈的努力。到目前为止，全国共有种猪繁育场 7 970 个，生猪良种推广从无到有、从点到面不断发展，良种猪比重逐年增加。但"原种场－扩繁场－商品场"繁育结构层次不明、良种繁育体系与生猪产业区域生产不配套、种猪场设施薄弱、管理不力。在生猪良种繁育操作中，存在严重的注视引种、轻视本品种（包括地方良种和引入品种）选育的倾向。我国地方生猪品种资源非常丰富，有些有价值的生猪品种资源正面临灭绝的困境，如何保护、保存与利用这些生猪品种资源，这是我们面临的严峻挑战。随着我国社会主义市场经济体制的建立和生猪产业生产格局的变化，我国的生猪良种繁育体系也必须随之改变。未来如何建立与健全既适合各地市场需求又符合各地资源特点的生猪良种繁育体系，仍然是一个有待解决的问题。

生猪良种繁育水平的提高有利于提高我国生猪产业的竞争力，提高生猪产业的经济效益，减少生猪疫病的发生。自 2007 年以来，我国制定了一系列扶持生猪产业发展的政策，比如在种猪场建设、种猪良种场建设、生猪良种补贴项日上的扶植政策，扶持生猪调出大县发展生猪养殖的政策，规模猪场、生猪养殖小区建设、能繁母猪补等方面的政策等。这些政策有效地促进了我国生猪繁育体系的发展，也促进了我国生猪产业的健康发展。未来首先要构建和完善国家生猪繁育体系；其次要推动种猪场之间资源共享体系的建立，探讨建立区域性生猪育种联合体模式；第三是要充分利用国家和六大区域性猪遗传评估中心的评估平台，完善数据交流与遗传评估工作；第四是建立和完善种猪登记系统，摸清家底；第五是要建立政府、专家、技术推广部门以及企业的间信息沟通平台，实现信息共享。

（四）生猪产业应对环保、治污、节能减排要求的举措

我国传统的农户庭院零星养猪会对村庄、庭院造成环境污染，而规模化猪场或生猪养殖小区又会周边的给土壤、大气、水源等环境造成污染。现在，生猪规模化养殖已成为我国乡村重要的污染源，其化学需氧量 COD（Chemical Oxygen Demand）排放量超过了工业污染物，是我国江河湖泊富营养化的根源，已经成为农业领域环保、治污、节能减排的重点对象。对于生猪规模化养殖场带来的污染所采取的治理方式都不尽理想，采取的设施处理治污方式，其一次性投入大，平时的运行费用高，生猪养殖企业或机构难以承受，无法在大范围内进行推广。

如果我们继续走“先污染、后治理”的老路，可能暂时能解决当前面临的猪肉供应短缺的危机，但那将使我国的乡村环保隐患加剧，环境污染日趋严重，全方位的食品安全更加难以持续保障。因此，在环保治污形势严峻的当下，生猪养殖业的污染急需治本之策，急需采取低成本环保治污的措施来解决现实问题。比如，通过采取小规模种养结合、生态养殖的饲养方式，就可以低成本解决生猪饲养带来的环境污染问题。再比如，促进乡村沼气发展，在部分解决乡村能源需求的同时，也能很好的解决生猪粪污的资源化利用问题。如果各级政府能推出农村“粪污积肥补贴”，那么在有效减少农田化肥施用量的同时，也能很好的解决生猪养殖中粪污的无害化、资源化利用问题，这对于我国广大农区培肥地力、控制土壤板结、提高土壤质量也有着极大的益处。

如果从生猪产业应对环保、治污、节能减排的要求来看，我国应鼓励农户发展适度规模、种养结合的生猪养殖，而不应盲目发展大规模的生猪养殖场和生猪养殖小区。农户发展适度规模、

种养结合的生猪养殖，不会由于规模过大而带来环境污染，不会由于粪污排放过于集中而污染水源，相反，农户可以很好地将种植业与养殖业结合起来，将粪污变为有机肥料，还可以拓展更多的青粗饲料来源，节约养猪中的粮食消耗。现在欧洲已经在倡导动物福利和健康养殖方式，而我国农户的小规模分散生猪饲养相较于大规模的集中生猪饲养而言，更加易于实现有关养猪场的动物福利的要求。

三、完善具有中国特色的生猪产业发展支持政策

（一）国家对生猪产业进行宏观调控的政策

生猪市场可以有波动起伏，但是不能经常大起大落。但自1995年以来，我国生猪价格平均波动周期仅为30个月，生猪价格频繁的大起大落极大地影响了我国生猪产业的健康发展。因此，国家有必要推出对生猪产业进行宏观调控的政策，以防止生猪市场的大起大落，国家对生猪产业要适时适度地实施宏观调控，既要防止猪源短缺，也要防止猪源过剩。

为保证国家对生猪产业宏观调控的准确性和有效性，需要构建适应市场环境、面向生猪产业微观经营主体（养猪农户）的信息网络。这一信息网络的信息发布可以通过类似中央电视台农业频道的公众传媒，比如开办一个类似"养猪之友"的栏目，定期发布（按每周发布或每月发布）我国生猪的存栏情况、出栏情况、能繁母猪的数量、各地生猪出售价格、价格变化趋势、以往的价格变动周期、对农户饲养建议等信息。这样就可以引导农户理性经营，最终实现生猪产业链中养殖环节的稳定，进而推动生猪价格实现相对稳定。

另外，国家对生猪产业进行宏观调控还可以通过支持和鼓励农户组建养猪专业合作社等路径来实现。在养猪专业合作社内部，可以通过对农户进行经营指导来实现饲养生猪数量的相对稳定，同时也可以通过养猪专业合作社来进行饲养指导（以提高生猪的饲养水

平）和统一出售生猪（实现相对大批量的生猪销售，增加在产业链中的话语权），这样就会有利于我国生猪产业的稳定发展。

（二）扶植生猪产业发展生猪养殖的政策

自从2007年我国经历了猪肉价格暴涨之后，国家出台了多项扶持生猪养殖的政策，建立了能繁母猪补贴和保险制度，确立了支持生猪资源保护、良种繁育体系和标准化规模养殖场建设的政策，设立了奖励生猪调出大县的支持政策，强化了生猪防疫和疫苗生产。这些政策都对稳定我国生猪生产起到了促进作用。

1. 能繁母猪补贴政策

2007年开始实行对养殖户（场）养的能繁母猪每头补贴50元的政策，到2008年对每头能繁母猪的补贴额增加到了100元。所补贴的资金由国家和地方分担，其中东部地区由地方财政负担，中西部地区由中央财政负担60%，地方负担40%，中央直属垦区全部由中央财政负担。截至2011年，中央财政共发放能繁母猪补贴达到26.23亿元。

2. 生猪良种推广补贴政策

生猪良种补贴对象为项目区使用良种猪精液开展生猪人工授精的母猪养殖者，补贴标准按每头能繁母猪每年繁殖2胎，每胎配种使用2份精液，每份精液10元测算，每头能繁母猪补贴40元。生猪良种补贴资金已经由开始的1.8亿元增加至2012年的6.56亿元，补贴范围已经覆盖到全国28个省（自治区、直辖市）和黑龙江农垦、广东农垦。

3. 生猪标准化规模养殖场扶持政策

生猪标准化规模养殖场（或养殖小区）建设，主要安排年出栏500～3 000头的养猪场（或养殖小区），兼顾年出栏300～500头的重点养猪户和年出栏3 000头以上的大型养猪场，以及其他符合条件的养猪场。按照年出栏数量不同定出四个标准：年出栏500～999头生猪补助20万元，年出栏1 000～1 999头生猪补助40万元，年出栏2 000～2 999头生猪补助60万元，年出栏3 000头生猪以上补助 80 万元。2007—2012 年，中央财政每年安排 25 亿元用于这项政策。

4. 对生猪调出大县给予奖励的政策

由中央财政出资，对生猪调出大县给予奖励，奖励金由 2007 年的 15 亿元已经增加到 2012 年的 35 亿元，生猪调出大县已经由 253 个增加到 536 个。奖励资金专项用于扶植生猪生产，可用于规模养殖场改造、良种引进和粪污处理的支出，也可用于生猪养殖大户购买种公猪、母猪、仔猪、饲料等贷款贴息和防疫服务费用等支出。

（三）生猪良种繁育及种质资源保护的政策

1. 支持畜禽良种工程的政策

从 1998 年以来，国家实施了畜禽良种工程建设规划。每年中央投入 2 亿元资金，用于种畜禽场、畜禽保种场、种畜禽质量监测中心、新品种培育等方面的基础设施建设和仪器设备购置，平均每个项目投入资金 150 万～600 万元。

2. 畜禽种质资源保护的政策

自 1995 年开始，中央财政安排专项资金实施畜禽种质资源保护项目，开展我国重要畜禽种质资源的调查、检测和保护等。近年来，国家对畜禽资源保护越来越重视，支持力度也不断加大，项目资金由最初的 400 万元增加到 2012 年的 5 320 万元。

3. 支持农业综合开发的畜禽良种繁育政策

这项政策以农业综合开发畜禽良种繁育项目的形式执行。自 2009 年以来，项目支持对象调整为从事国家级和省级畜禽遗传资源保护名录中畜禽品种的开发利用企业。2011 年中央财政安排资金已经达到 2 520 万元。

（四）营造良好生猪养殖经营环境的政策

1. 能繁母猪保险政策

为了减少生猪产业的经营风险，为能繁母猪提供了保险服务。

按"应保尽保"原则推进能繁母猪保险，执行每头能繁母猪保额1 000元、保费60元的政策。财政部提供保费补贴的地区主要为中西部地区、新疆生产建设兵团和中央直属垦区。其中，中西部地区保费由财政部补贴50%，地方财政部门补贴30%，养猪户承担20%（即中央财政负担30元，地方财政负担18元，保户自负12元）；新疆生产建设兵团和中央垦区保费由财政部补贴80%，养猪户承担20%（财政部补贴负担48元，保户承担12元）。东部地区则由地方财政提供一定比例的保费补贴。截至2011年，中央财政补贴保费达10.56亿元，共承保能繁母猪2 690万头。

2. 强化生猪疫病防疫的财政支持政策

对口蹄疫、高致病性猪蓝耳病、猪瘟病等实行强制免疫政策。猪蓝耳病强制免疫疫苗费用由国家负担；对发生猪蓝耳病、口蹄疫和猪瘟病的生猪实行强制扑杀，扑杀经费中央财政给予适当补助，一般按每头600元标准计算扑杀补助经费，实行国家补助80%、饲养场户承担20%的政策。政府增加了基层动物防疫工作经费。为支持基层动物防疫工作，中央财政对基层动物防疫工作实行经费补助，重点用于强制免疫注射工作的经费支出。2012年，中央财政基层防疫补助经费已达7.8亿元。

3. 购置畜牧业机械补贴政策

为了促进生猪养殖的机械化，提高我国生猪养殖业的经营水平，对符合补贴条件的饲养农户（或畜牧场职工）和直接从事农业生产的农机服务组织给予机械购置补贴，主要种类包括饲料（或饲草）加工机械、生猪饲养机械、畜产品采集加工机械等。中央财政按不超过农机具价格的30%进行补贴。2011年补贴资金就达到4.02亿元。

第二章

我国生猪生产区域布局与经营规模分析

改革开放以来，我国畜牧业生产快速发展，同时畜牧业生产水平也明显提高，生猪出栏率由1978年的53.4%增加到2012年的146.6%，胴体重由1978年的50千克提高到2012年76.6千克，育肥出栏周期由1978年300天左右缩短到目前的180天左右。2007年全国共有种猪场4 478个，饲养能繁母猪207.66万头。种猪生产主要品种有大白、长白、杜洛克和配套系，地方优良品种，有太湖猪、金华猪、两广小花猪、小猪、五指山猪和藏猪等，新培育的品种有苏太猪、大河乌猪和湖北白猪等。我国生猪饲养范围广泛，除新疆、青海、宁夏、西藏和海南等地没有饲养量或饲养量较少外，其余省份都有规模不同、数量不等的饲养量。

我国生猪生产主要集中在在四川盆地、黄淮流域和长江中下游三大地区，生猪主产省份有20个，其中排名前十位省份是四川、河南、湖南、山东、云南、湖北、广西、广东、河北和江苏，其存栏合计占全国存栏总数的64%，其余10个主产省份包括贵州、辽宁、重庆、江西、安徽、福建、黑龙江、浙江、吉林、陕西。

我国的生猪主销区是北京、上海、天津、广东、福建及浙江等省份，外调量大的省有四川、河南和湖南等省份。生猪生产的快速发展，生猪养殖的规模化和组织化程度在不断的提高，散户（农业部规定年生猪出栏量在1～49头为散户）生猪出栏量大幅下降，规模户生猪出栏量逐年上升。

第一节 我国生猪生产发展现状

自从农村改革以来，我国生猪生产进入快速发展时期。2012年生猪存栏达到47 592万头，出栏69 790万头，猪肉产量5 342万吨（表2-1），分别是1978年1.6倍、4倍和6.7倍，1978—2012年生猪存栏、出栏、猪肉产量年增长率分别为1.49%、4.73%和6.19%。根据生猪生产增长变化的特点，以1995年为分界点可以分为1978—1995年和1996—2012年两个阶段。

生猪存栏在1978—1995年呈现快速增长，1995年生猪存栏达到4.42亿头，增加了1.4亿头，年均增长率2.3%，其中1980—1985年增长最快，年均增长6.6%；1996—2012年生猪存栏速度趋缓，年均增长率为2.0%。

生猪出栏在1978—1995年快速增长，年均增长6.7%，其中1990—1995年增长最快，年均增长9.2%；1996—2012年生猪出栏量仍在不断增加，增长速度稍微趋缓，年均增长3.4%。2007年由于多种因素的叠加，生猪生产大幅下降，生猪出栏降至5.7亿头，2012年恢复增长到7.0亿头。

我国猪肉产量不断上升。1978—1995年快速增长，年均增长7.7%，其中1978—1985年增长最快，年均增长10.79%；1996—2012年增长速度稍微趋缓，年均增长3.1%。2007年猪肉产量大幅下降至4 288万吨，比上年下降9.2%，2012年恢复增长到5 342万吨。

生猪生产在1996年以后发展趋缓，这与我国畜牧业及生猪生产发展阶段有关。改革开放以来畜牧业生产快速增长，到20世纪90年代中期，我国畜产品供给长期短缺的局面已经改变，基本实现供给平衡并略有剩余，从1996年以后生猪生产进入结构调整阶段，开始由追求数量规模向追求质量效益改变，发展速度开始放缓。

生猪出栏的增长速度一直快于生猪存栏的增长速度。这种变动趋势反映随着生猪生产的快速发展，养殖水平也在大幅提高，出栏率不断增加。1978 年我国生猪出栏率仅为 53% ，2012 年达到 147%，致使生猪出栏自 20 世纪 90 年代中期超过存栏后，仍快速提高。同时，生猪胴体重不断增加，2007 年以后一直在 86 千克/头以上。

表 2-1　生猪产出指标变化情况

单位：万吨、万头、%、千克/头

年份	猪肉产量	存栏量	出栏量	出栏率	胴体重
1978	807	30 129	16 109	53	50.10
1985	1 655	33 139	23 875	78	69.31
1990	2 281	36 241	30 991	88	73.61
1995	2 854	35 041	37 849	91	75.39
2000	4 031	44 682	52 673	118	76.54
2006	5 197	41 850	61 027	135	76.37
2007	4 288	43 990	56 508	114	86.00
2008	4 889	46 985	64 507	147	—
2009	4 890	46 996	64 539	137	—
2010	5 071	46 460	66 686	144	—
2011	5 053	46 767	66 170	141	—
2012	5 342	47 592	69 789	147	—

数据来源：来自历年《中国畜牧业年鉴》。

2012 全国生猪主产省前 10 位的省份生猪存栏占全国的比例为，四川（10.8%）、河南（9.6%）、湖南（8.9%）、山东（6.1%）、云南（5.7 %）、湖北（5.3%）、广西（5.2%）、广东（4.7%）、河北（3.9%）和江苏（3.7%），其存栏合计占全国存栏总数的 64%，其余 8 个主产省份包括贵州、辽宁、重庆、江西、安徽、福建、黑龙江、浙江，存栏都在 1 000 万头以上，这 8 个省份的存栏占全国的 24.7%。

2012 年全国生猪出栏量为 69 790 万头，有 20 个省份的生猪出栏量超过 1 000 万（图 2－1）。其中四川省是我国第一的生猪生产大省，出栏量超过 7 000 万头，占全国出栏比重 10.3%；其次是湖南省，出栏量超过 5 000 万头，比重 8.4%；河南、山东、湖北、广东、河北、广西、云南、江西、江苏出栏量超过 3 000 万头，占全国的比重均在 5%以上，出栏量位于前十位的省份的出栏量合计占到全国的 63.4%。

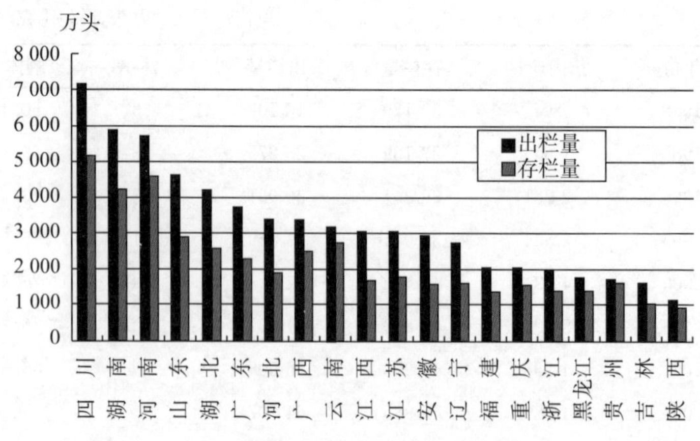

图 2－1　2012 年 20 个生猪主产省份的存栏出栏量

数据来源：根据《2012 年中国统计年鉴》数据整理。

第二节　我国生猪生产区域布局变化分析

一、生猪生产区域发生变化

全国生猪优势区域布局规划（2008—2015 年），根据饲料资源优势、生产基础优势、市场竞争优势、产品加工优势的原则，确定了我国生猪产业的优势区域布局和发展重点。根据上述优势，选择沿海地区的江苏、浙江、广东和福建 4 省，东北地区的辽宁、吉林、黑龙江 3 省，中部地区的河北、山东、安徽、江西、河南、湖北和湖南 7 省，西南地区的广西、四川、重庆、云南和贵州 5 省份，共19个省份为优势区域。

依据这19个省份生猪生产的优势布局，共优选出437个生猪生产县（团场）作为优势县（团场）：①沿海地区生猪产区。包括沿海地区的江苏、浙江、广东和福建4省的55个基地县。②东北生猪产区。包括吉林、辽宁和黑龙江3省的30个基地县。③中部生猪产区。包括河北、山东、安徽、江西、河南、湖北和湖南7省的226个基地县。④西南生猪产区。包括广西、四川、重庆、云南、贵州5省份的126个基地县。

长江中下游地区和华北区是我国生猪生产的传统区域，其生猪存栏、出栏和猪肉产量历年来占全国的60%以上。生猪生产是自然再生产和经济再生产相结合的过程，受到自然条件、经济、社会发展水平的影响，具体来说有气候环境、劳动力、物质投入、区位交通、居民消费水平、科技进步及经营管理等因素。改革开放以来，随着经济社会发展，生猪区域格局也不断发生变化。根据生猪存栏、出栏、猪肉产量与消费和行政区划，把我国生猪生产分为以下六个区域：长江中下游区（川、鄂、湘、赣、苏、浙、皖）、华北区（冀、鲁、豫）、东北区（辽、吉、黑）、东南区（闽、粤、桂、琼）、直辖市（京、津、沪）和其他区（内蒙古、晋、陕、甘、宁、新、青、藏、云、桂）。

二、生猪生产区域变化趋势

本节分两阶段（第一阶段1980—1995年，第二阶段1995—2012年）来分析1980年以来我国生猪区域布局的变动情况。

（一）各区生猪生产保持了较强劲的发展势头

第一阶段（1980—1995年）生猪生产迅速增长，1995年全国生猪存栏数、出栏数和猪肉产量比1980年分别增长了1.42倍、0.45倍和2.22倍，猪肉产量年平均增长率为8.1%；1995年以后继续稳步增长，2006年全国生猪存栏数、出栏数和猪肉产量比1995年分别增长了42%、12%和42%，猪肉产量年平均增长率为

3.27%。第一阶段华北区和东南区发展最快，猪肉产量增长了近3倍，生猪出栏增长约2倍，其次是长江区和东北区，猪肉产量增长了近2倍，生猪出栏增长1倍以上（表2-2和表2-3、图2-2和图2-3）。

第二阶段（1995—2012年）华北区继续保持快速增长，在10年中，猪肉产量增长了0.81倍，生猪存栏增长0.83倍，其次是东北区和直辖市，猪肉产量均增长了38%，长江区和东南区增速趋缓（表2-2和表2-3、图2-2和图2-3）。

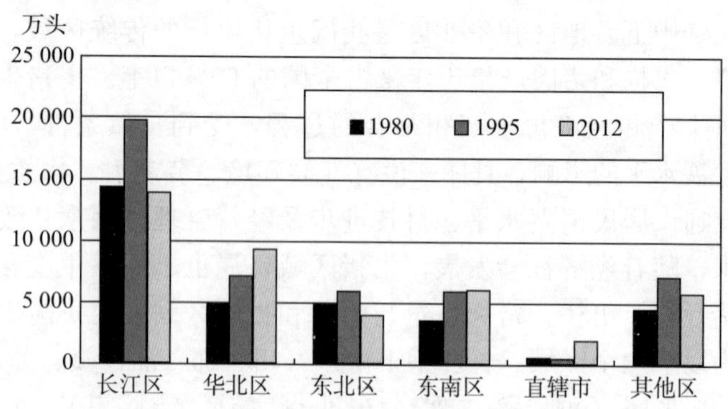

图2-2 各区域1980—2012年生猪存栏量的变动

数据来源：根据历年《中国统计年鉴》数据整理。

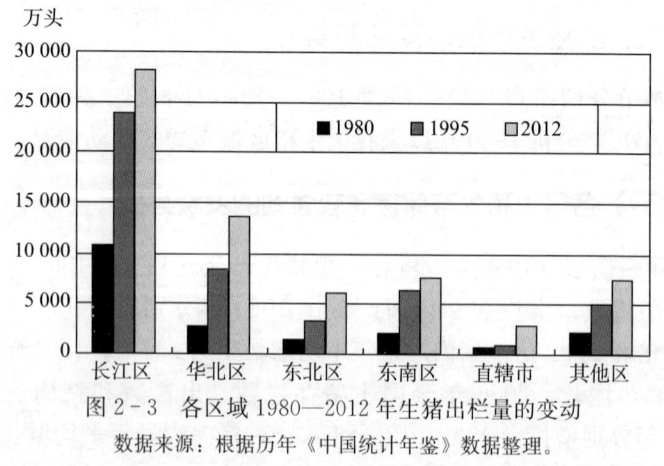

图2-3 各区域1980—2012年生猪出栏量的变动

数据来源：根据历年《中国统计年鉴》数据整理。

表 2－2　1980—2012 年全国及各区生猪生产变化情况

单位：万头、万吨

地区	生猪存栏			生猪出栏			猪肉产量		
	1980	1995	2012	1980	1995	2012	1980	1995	2012
长江区	14 395	19 853	13 990	10 786	23 942	28 186	568	1 697	2 096
华北区	4 880	7 206	9 337	2 643	8 352	13 707	176	666	1 068
东北区	2 367	3 324	3 975	1 420	3 300	6 119	101	299	491
东南区	3 636	6 007	6 064	2 058	6 316	7 659	130	505	732
直辖市	594	550	2 084	669	956	2 988	35	60	222
其他区	4 671	7 180	5 853	2 285	5 085	7 325	124	421	575
全国	30 543	44 169	47 592	19 861	48 051	69 790	1 134	3 648	5 343

数据来源：来自历年《中国统计年鉴》。

表 2－3　1980—2012 年全国及各区生猪生产增长情况

地区	1980—1995 年增长倍数			1995—2012 年增长倍数		
	猪肉产量	存栏	出栏	猪肉产量	存栏	出栏
长江区	1.99	0.38	1.22	0.24	－0.29	0.18
华北区	2.78	0.48	2.16	0.60	0.30	0.64
东北区	1.97	0.40	1.32	0.64	0.20	1.85
东南区	2.88	0.65	2.07	0.45	0.01	0.21
直辖市	0.70	－0.07	0.43	2.7	2.79	2.13
其他区	2.40	0.54	1.23	0.37	－0.18	0.44
全国	2.22	0.45	1.42	0.46	0.08	0.45
全国年增长速度（%）	8.10	2.49	6.07	3.27	1.03	3.21

数据来源．根据历年《中国统计年鉴》数据整理。

（二）区域间变动差异显著

第一阶段（1980—1995 年），长江区作为生猪主产区的地位有所下降，该区生猪存栏、出栏和猪肉全国的比重分别下降了 2.3、9.56、3.56 个百分点。东南区生猪存栏、出栏和猪肉产量在全国的比重都有所上升，分别上升了1.7、3.24和2.36个百分点，华北区和其他地区的地位也在上升，华北区生猪出栏和猪肉产量的比重提高较多，约为3个百分点左右。东北区和直辖市和长江区相同，三个指标比重基本都是下降的。

第二阶段（1995—2012年），长江地区、东北区和直辖市生猪生产地位继续下降，并且长江区下降的幅度大大高于第一阶段，而后二者下降幅度低于前一阶段。2006年长江区生猪存栏、出栏和猪肉产量的比重分别下降到37.5%、39.1%和38.59%，比1995年下降了5～8个百分点。华北区的各项比重继续上升，上升幅度高于第一阶段，东南区发展趋势同上阶段相反，各项指标均呈下降态势，特别是猪肉产量在全国的比重下降了1.66个百分点（表2-2和表2-3和图2-4和图2-5）。

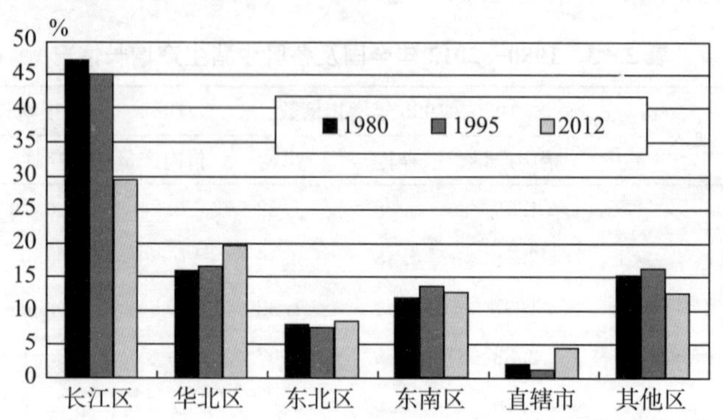

图2-4　各区域1980—2012年生猪存栏比重的变动

数据来源：根据历年《中国统计年鉴》数据整理。

从生猪生产区域的生产变化可以看出，我国生猪一直保持快速增长的趋势，同时生产区域也在发生着变化，20世纪80年代“南肉北调”的区域格局已经结束。1995年以前，长江区地位下降，华北区和东南区地位上升，逐步形成了以长江中下游区为中心逐步向南北扩张的局面。1995年以后，长江区地位继续下降，华北区地位继续上升，东南区地位开始下降，生产区域以长江区为轴心主要向北扩张。

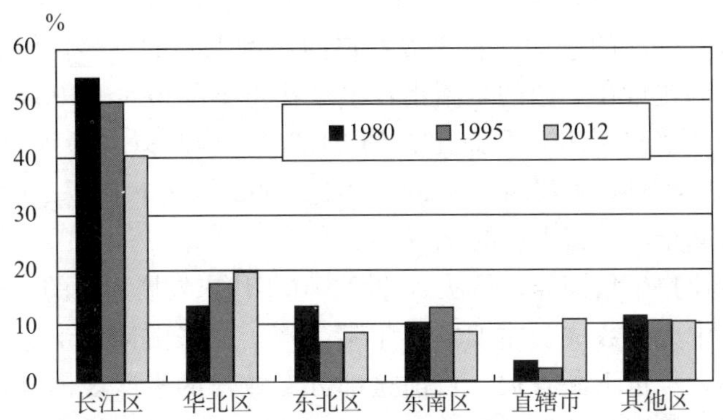

图 2-5　各区域 1980—2012 年生猪出栏比重的变动

数据来源：根据历年《中国统计年鉴》数据整理。

第三节　我国生猪养殖经营规模分析

我国的生猪饲养业在改革开放前的不同时期经历了农户散养、共养、集体饲养等几种不同的形态，而从改革开放以后到 1999 年分为农户散养、专业户饲养和国营集体饲养，2000 年至今可分农户散养、小规模饲养、中等规模饲养和大规模饲养。本书将生猪饲养划分为农户散养、专业户饲养和大规模商业化养殖三种类型。

农户散养是指农户少量饲养生猪，在 20 世纪 90 年代以前农户散养的数量很小，一般每户饲养 1～5 头生猪，以传统养殖模式为主来饲养（杂食、不饲喂专门的配合饲料），作为家庭副业来经营。从 20 世纪 90 年代以后，出于鼓励规模化饲养的需要，农业部规定的农户散养上线标准不断提高，最终确定为以年出栏 50 头以下的作为农户散养（之前也有过年出栏 10 头以下为散养的情况）。

在过去的 20 年中，农户散养的数量在不断的减少，但农户养猪的普及率却仍然维持着一个较高的水平。1996 年散养饲养生猪的农户在养猪户中所占比例为 94.32%，2003 年饲养生猪头数在 1～9 头的农户在总的养猪户中所占比例为 94.48%，2007 年出栏生猪在1～49头的养猪户为8 010万户，占养猪户总数的97.2%。由于散养标准的变动，农户散养户的比例下降的不多，但农户出栏生猪的比重在全国的生猪出栏量中比重下降很大。1983年散养农户的生猪出栏占全国总出栏的94.2%，当时以农户养猪为主，到1998年下降为73.4%，2007年比1998年又下降了20个百分点，占到全国生猪出栏的51.6%。

专业户生猪饲养，是从20世纪70年代末发展起来的，是指农户家庭中大多数成员主要从事生猪生产，原来由饲养十头到几十头不等，经过不断发展，目前这部分专业户的生产规模已达到年出栏量达几百头甚至上千头的水平，这种生产方式具有一定的专业性。专业户生猪生产在全国的地位上升很快，在1983年养猪专业户处于起步阶段，其出栏生猪占全国出栏量的4.5%，到2007年这一比重已经上升到接近40%，这说明养猪专业户生产在我国养猪业发展中具有明显的发展优势。

企业化生产所指的企业包括国有或集体所有制猪场、私有（独有或合伙）的养猪企业，一般每个猪场年出栏几千头或一万头到几万头生猪，这种生产方式专业性很强，生猪生产规模、产量、经营投入和技术水平都大大超过了专业户养猪。生猪的企业化生产能带来很高的经营效率，但生猪的企业化生产在我国的发展还很薄弱。

在1983年，大规模的生猪饲养主要是由国营农场和农村集体经济组织来实现的，但大规模饲养数量很少，其出栏生猪量仅占全国的1.3%。20世纪80年代中后期，国家提出建设“菜篮子”工程后，多渠道形成的资金流投入到生猪生产上来，新建了一批大型猪场，其产出量大大提高，1998年我国大规模猪场生猪出栏量达到7.7%的比重，2007年这一比重上升到9.0%（图2-6）。

生猪养殖的企业化发展在近十几年速度比较缓慢，这与大规模生猪生产带来的环境污染问题有关。目前，大规模养猪场无害化处理所产生的粪污依然是一项成本巨大的工程，再加上社会各界对于环境污染问题的关注度日益提高，因此这也成为大规模养猪场发展所面临的难题之一。处理环境污染问题需要增加经营成本，再加上未来饲料成本的刚性上升，大规模养猪业的经营面临着严峻的挑战。

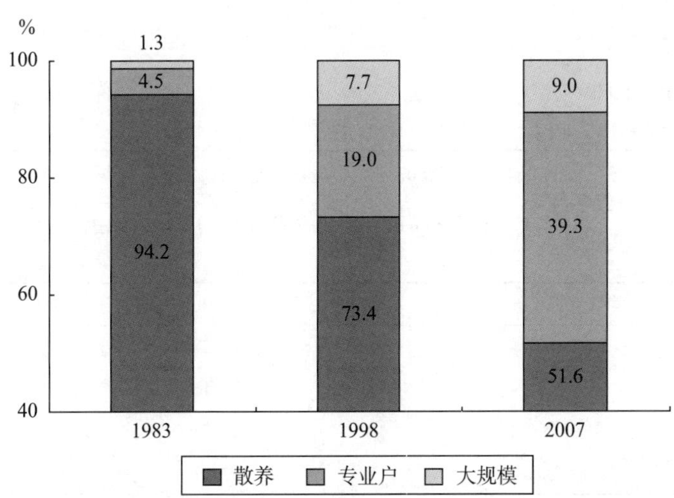

图 2-6 不同规模的生猪出栏占全国总出栏的比重

数据来源：1983 年数据源自畜牧业统计，1998、2007 年数据源自《中国畜牧业统计》。

从我国生猪生产的规模化（以年出栏 50 头以上计算）发展程度来看，近十几年来规模化程度发展比较快。20 世纪 90 年代以前，生猪饲养仍以小户分散饲养为主，那时规模养殖户占总养殖户的比重不足 1%。20 世纪 90 年代中期以后，规模化养猪户比重不断提高，在 1995—1999 年的 4 年中，生猪规模化饲养比重从 13.6%提高到 21.5%。进入新世纪后，一方面国家加大了对生猪规模化的政策支持，促进了规模养殖的发展；另一方面我国的养猪业经历了 2002 年、2006 年两次低谷，养猪的风险逐步加大，小规模养殖效益下滑，这使许多散养户退出了养猪行业，客观上加速了我国生猪业规模化程度的提高。2007 年，我国生猪业的规模化程度达到 48.4%，比 2000 年上升了约 23 个百分点（表 2-4 和表 2-5）。

表 2-4　2000—2007 年规模化程度变化

单位：万头/场户、%

年份	2000	2001	2002	2003	2005	2006	2007
年出栏 50 头以上出栏总数	13 550	14 123	16 598	18 907	28 258	31 846	27 124
50 头以上规模比重	25.7	25.7	29.2	31.9	42.7	43.1	48.4

数据来源：数据来自 2000—2007 年《中国畜牧业统计》。

表 2-5　2009—2011 年全国生猪规模饲养所占比重

单位：%

养殖规模	2009	2010	2011
存栏 50 头以下	51.60	48.23	45.64
存栏 50～500 头	26.30	27.45	28.53
存栏 500～2 500 头	12.40	13.55	14.19
存栏 2 500 头以上	9.70	10.77	11.64

注：根据 2009—2011 年《中国畜牧业年鉴》数据，将出栏数据折算为存栏数据。其中规模比重为该存栏规模档次的养殖场户出栏量占全国生猪出栏量的比重。

我国的生猪主销区是北京、上海、天津、广东、福建及浙江等省、直辖市，外调量大的省有四川、河南和湖南等省份。2006 年四川全省仅外调猪肉 92 万吨，传统主产区四川的调出能力已经接近很大，继续增加调出潜力已经不大，但河南和辽宁等省正在成为新的主要调出省。2006 年河南省有 607 家养猪企业和 41 家猪肉加工企业年供上海市生猪 350 万头，占到了上海调进生猪总量的 80%以上。

生猪饲养业在我国是一个传统产业，长期以来生猪养殖一直作为农民的家庭副业经营，生产方式粗放，生产规模较小。改革开放以后随着生猪生产的快速发展，生猪养殖的规模化和组织化程度在不断的提高，散户（年出栏 1～49 头的饲养户）生猪出栏量大幅下降，2008 年散户出栏量的比重为 51.66%，比 20 世纪 80 年代初（当时比重为 90%左右）下降了约 40 个百分点，年出栏 50

头以上的出栏量占全国出栏量的48.34%，其中年出栏量在50～99头和100～499头的两组是养殖主体，二者的比重合计达到26.49%，占到规模户出栏量的一半以上；年出栏500～5 000头的比重合计为15.6%；年出栏猪5 000头以上的比重较小，约为6%（表2-6）。

表2-6　2007年我国生猪生产规模化情况

单位：万头、%

年出栏数分类（头）	年出栏数	出栏数比重
1～49	41 418	51.66
50～99	10 242	12.78
100～499	10 996	13.71
500～999	5 682	7.09
1 000～2 999	4 612	5.75
3 000～4 999	2 262	2.82
5 000～9 999	1 848	2.31
10 000～49 999	2 736	3.41
50 000以上	379	0.47

数据来源：来源于2007年《中国畜牧业统计年鉴》。

从养殖户的数量来看，虽然散户生产量在总产出的比重大幅下降，但散户数量却没有明显减少，目前仍有8 000万户以上，占养猪户的比重达到97%，而规模户合计有224万户，占养猪户的比重在3%以下，年出栏3 000头以上的大规模户数的比重仅占0.01%左右。从规模养殖户内部的结构分布看，养殖户50～99头和100～499头的小规模户的比重最大，合计占到规模户总数的95%左右，其次是500～999头和1 000～2 999头的合计比重为5%，3 000头以上的规模户的比重仅占0.5%，5 000头以上的大型养猪场全国仅有50个，在规模户中仅占0.02%。

由此可见，散户生猪养殖在我国生猪生产中仍占有重要的地位，由散户提供的生猪生产量占到全国总产量的一半以上。生猪养殖规模化程度有了很大的提高，但平均养殖规模仍然偏小，年出栏 50～999 头小规模养殖户是规模养猪生产的主体，3 000～5 000头规模户在总产出比重偏小，5 000 头以上的大规模养殖户的发展明显不足。

第三章

我国生猪生产效率分析

第一节　生猪生产增长与生产效率

生产效率分析是探求经济增长源泉的主要工具，同时也是确定增长的主要方法。养猪业增长源泉主要来自两个方面：一是生产要素投入量的增长，二是生产效率的提高。但经济资源的稀缺性决定了我国养猪业的长期可持续性的增长不可能无限依赖要素投入的无限扩张，而主要依赖于养猪生产效率的不断提高。因此，关于养猪生产效率问题的研究一直是学术界关注的焦点。在我国，关于养猪业生产效率问题的研究，最早是从对养猪业科技进步问题的研究开始的，后来才逐渐扩展到对于养猪业全要素生产效率问题的研究。

自从改革开放以来，我国生猪生产快速增长，我国的生猪产量早已位居世界第一，但我国的生猪生产水平和生产效率还较低，与发达国家相比，仍然存在较大的差距。

目前，我国商品猪平均胴体重为 86 千克，比发达国家低8～10 千克；我国生猪出栏率为 142%，这一数据大大低于发达国家的水平，比如加拿大生猪出栏率为 158%、美国为 175%、德国为189%、比利时为 171%。目前我国的饲料利用率较低，养猪业的饲料转化率处在 3.6～3.8∶1，比发达国家高出 0.3～0.4。我国生猪的繁育水平也较低，平均每头母猪每年可提供生产仔猪为

16～17头，比发达国家少 4～5 头。

我国生猪生产的科技水平偏低，科技进步对生猪业增长的贡献大体停留在 50%左右，而发达国家在生猪养殖的育种、饲养、防疫、环保等环节，都具有很高的科技含量。比如丹麦养猪业是全球公认的高科技产业，其基因生物技术、电脑自动控制系统技术等在国内生猪业中得到广泛应用，这大大提高了其养猪的效率。丹麦饲养 10 000 头生猪平均仅需 3 个劳动力。目前在美国，仔猪早期断奶技术、人工授精技术已被养猪场广泛应用，2007 年美国人工受精技术应用于超过 90%的猪场（Donald Eorr，2008）。

另外我国生猪业的投资回报率较低，平均约在 10%左右，而世界上养猪业投资回报率最高的荷兰和巴西，其养猪投资回报率高达 45%，美国和加拿大的养猪投资回报率也约为 35%（Gain，2006）。

未来随着我国经济社会的发展与转型，我国生猪生产增长将面临着要素投入的制约，饲料供给短缺导致的价格上涨、劳动力价格上涨和养猪场用地紧缺等问题，都会制约我国养猪业的稳定发展。我国养猪业也不可能无限量地依靠要素投入增长而增长，未来必须要走提高各种投入要素生产效率的发展道路。

首先，我国当前劳动力涨价和劳动力相对短缺对养猪业的发展就产生了制约作用。农村劳动力相对短缺对畜牧业的影响在生猪产业已经显现。事实上，近年来我国城市经济的快速发展，吸收大量农村劳动力进入城市的第二产业和第三产业就业，农村劳动力的减少直接导致散养户大量退出养猪业。虽然 2007 年猪肉价格曾经上涨、养猪场利润曾经一度增加，但散户饲养农户存栏量却同比减少了 15%，户均饲养生猪头数同比减少了 20%（农业部，2007）。另外，养猪业属于劳动力密集型畜牧业，并且劳动强度很高，虽然未来可以通过发展规模化和使用机器设备来节约劳动力的投入，但在生猪养殖领域，机器设备目前还不能像在种植业中那样大量代替劳动力，而且我国养猪业的劳动生产率并不会随着养殖规模的不断扩大而明显提高。事实上，养猪业原有劳动力的大流外流在当前并不能通过机械化率的提高来得到实际的补偿。因此，在当前和今后的一段时期内，养殖业劳动力短缺的状况仍将持续存在。

其次，未来饲料资源的短缺将长期困扰我国养猪业的发展。饲料资源是养猪业发展的基础。随着畜产品需求的持续增长和我国畜牧业的产业化、规模化，饲料粮和其他优质饲料的需求将会不断攀升，而且猪肉是我国居民主要的畜产品，养猪业又是耗粮型畜牧业，对于饲料粮的依赖性更大。近年来，我国局部地区已经出现了饲料工业原料粮短缺的情况。2003 年我国粮食产量只有 4.3 亿吨，其中养殖业转化粮食达到 1.63 亿吨，占当年粮食总产量的 38%，但饲料粮缺口仍在 4 000 万吨以上（需要通过进口饲料粮来解决）。受比较利益的影响，我国大豆种植面积和产量锐减，这又加剧了我国饲料蛋白质资源的紧缺。目前国内鱼粉、大豆和合成氨基酸等主要蛋白质饲料原料进口量高达 70%以上。我国饲料粮的短缺和蛋白质饲料的短缺直接制约了饲料工业的发展和我国畜牧业的发展。

据专家预测，到 2020 年和 2030 年，我国饲料用粮占粮食产量的比重将分别达到 45%和 50%。因此，国内饲料粮问题将成为我国粮食安全面临的主要问题（中国养殖业可持续发展战略研究报告，2009）。总之，尽管我国非粮食性饲料资源还有较大的开发潜力，但随着水资源、土地资源和环境资源的约束不断显现，粮食持续稳定增产的能力终将受限，饲料用粮的短缺问题将长期存在，并终将影响到我国生猪业未来的发展。另外，养殖业用地和获取资金的困难问题也将严重影响我国生猪产业的长期稳定发展。

第二节　生猪单位产出及投入的变化

如果把我国生猪饲养分为规模户和散养户两种类型，那么就需要分别来分析我国生猪单位产出及投入的变化情况。通过分析可以了解近年来生猪的生产投入情况，其中散养户为年出栏 50 头以下的生猪养殖户，规模户为年出栏生猪50头以上的养殖户。

从表3-1可以看出，从2000—2012年，散养户出栏生猪的活重呈不断增加的趋势，从105.9千克增加到114.7千克，增加了约9千克。从投入来看，仔猪重量基本没有变化，12年来稳定在17千克左右。精饲料用量总体呈不断增加的趋势，从246.3千克/头增加到296.2千克/头，增加了50千克/头。劳动力用量呈不断下降的趋势，从12.8日/头下降到7.2日/头，下降了5.5日/头。燃料动力费呈略微下降趋势，从8.4元/头下降到6.9元/头。养猪医疗防疫费用出现大幅上升的趋势，从7.6元/头上升到15.6元/头，增加了8元/头。固定资产投入呈现增加的趋势，约增加了2元/头。

表3-1 2000—2012年全国散养户饲养生猪的单位产出及投入的变化

年份	主产品产量（千克）	仔畜重量（千克）	精饲料数量（千克）	劳动力用量（日/头）	燃料动力费（元/头）	医疗防疫费（元/头）	固定资产折旧（元/头）
2000	105.9	17.4	246.3	12.8	8.4	7.6	6.8
2001	107.6	17.1	239.3	13.0	9.0	7.2	8.7
2002	105.5	17.1	242.1	11.6	7.7	7.8	8.0
2003	106.7	17.7	253.1	12.1	7.9	6.3	6.5
2004	107.4	17.5	255.6	11.1	8.5	8.4	7.4
2005	108.4	17.2	262.0	10.9	7.6	8.4	7.0
2006	109.5	17.1	258.9	10.4	8.8	9.3	8.2
2007	108.8	17.8	273.8	9.4	8.7	15.0	7.9
2008	112.1	16.8	285.8	8.7	7.4	15.1	8.1
2009	113.0	18.0	289.2	8.0	7.1	13.5	7.6
2010	111.6	17.4	281.1	7.6	8.0	13.5	7.8
2011	112.7	17.1	289.2	7.5	7.8	14.4	8.2
2012	114.7	17.0	296.2	7.2	6.9	15.6	8.5

数据来源：历年《全国农产品成本收益资料汇编》。

从表 3 - 2 可以看出，从 2000—2012 年，规模户的出栏生猪的活重呈不断增加的趋势，从 99 千克增加到 114.7 千克，增加了约 15 千克，目前散养户和规模户的生猪活重基本相同。从投入来看，仔猪重量稍有下降，但 10 年来基本稳定在 17 千克左右。精饲料用量总体呈不断增加的趋势，从 272.3 千克/头增加到 296.2 千克/头，增加了 25 千克/头。劳动力用量呈不断下降趋势，从 4.4 日/头下降到 2.5 日/头，下降了 2 日/头，规模户的劳动力用工远远小于散养户劳动力用工。燃料动力费用呈现上升的趋势，从 5.4 元/头上升到 6.2 头/元。医疗防疫费用出现大幅度上升，从 7.3 元/头上升到 19 元/头，增加了 2 倍，目前规模户的医疗防疫费用远远大于散养户的医疗防疫费。规模户生猪固定资产投入与散养户的情况刚好相反，呈稍微下降趋势，约增加了 1 元/头左右。

表 3 - 2 2000—2012 年全国规模户饲养生猪的单位产出及投入的变化

年份	主产品产量（千克）	仔畜重量（千克）	精饲料数量（千克）	劳动力用量（日/头）	燃料动力费（元/头）	医疗防疫费（元/头）	固定资产折旧（元/头）
2000	99.0	18.1	272.3	4.4	5.4	7.3	13.3
2001	98.1	17.0	265.5	3.7	5.2	7.1	10.0
2002	96.3	17.2	253.9	11.3	4.4	7.6	10.1
2003	98.6	17.4	263.2	3.9	4.2	7.4	9.6
2004	100.9	17.4	262.1	4.1	5.5	9.1	11.0
2005	103.4	17.3	260.9	3.6	5.4	9.9	9.7
2006	102.7	17.2	261.8	3.5	5.5	10.7	10.1
2007	104.5	16.9	271.0	3.4	6.1	14.5	10.2
2008	108.8	17.0	283.5	3.2	6.3	15.8	11.2
2009	110.0	17.1	285.5	3.0	6.0	16.1	11.2
2010	110.4	17.4	281.1	2.8	5.9	17.1	11.7
2011	111.9	17.2	293.0	2.8	6.2	18.9	11.8
2012	114.2	17.4	296.5	2.5	6.2	19.0	12.1

数据来源：历年《全国农产品成本收益资料汇编》。

第三节 研究方法及数据说明

一、研究方法

本研究采用 DEA 数据包络分析技术结合 Malmquist 指数，对我国生猪生产效率进行分解，Malmquist 指数与 DEA 理论相结合的方法，具有诸多优点，在生产效率测算中的应用日益广泛。

首先 DEA 作为非参数方法，不需要预先设定生产函数，不受输入、输出数量量纲影响，将非线性规划问题转化，而且可以综合考虑规模不变和规模可变的情形，从而提高了评价结果的客观性，因而 DEA 方法在测定效率方得到广泛应用。

其次 Malmquist 生产率指数是在距离函数的基础定义的，不需要相关的价格信息，避免了价格信息不易获得的困难；适用于多个地区跨时期的样本分析；可以将全要素生产率指数分解为技术效率变化指数和技术进步指数，还可进一步分解纯技术效率和规模效率指数，能深刻揭示生产增长的源泉，因此，这一方法被广泛应用于 TFP 的测算，而且在文献中地位突出。

Malmquist 指数首先是由 Caves 等（1982）提出的，它是运营在参照技术下，通过从时期 s 到 t 的产出观测值以及利用投入所能生产的最大产出水平（保持产出组合不变）之间的比较来测算生产率的。生产率指的是投入与产出之间的比例关系，反映资源的利用效果。全要素生产率是反映全部投入中每个单位所生产的产出水平，即总产量与全部要素投入量之比。Fare 等（1989）用两个时期的 Malmquist 生产率指数的几何平均值来计算产出全要素生产率 TFP 指数：

$$M_0(x_t, y_t, x_{t+1}, y_{t+1}) = \left[\frac{D_0^{t+1}(x_{t+1}, y_{t+1})}{D_0^{t+1}(x_t, y_t)} \times \frac{D_0^t(x_{t+1}, y_{t+1})}{D_0^t(x_t, y_t)}\right]^{\frac{1}{2}} \tag{3-1}$$

式中，$D_0^t(x_t, y_t)$ 表以第 t 期的技术表示的当期的技术效率水平；$D_0^t(x_{t+1},y_{t+1})$ 代表以第 t 期的技术表示的 $t+1$ 期技术效率水平；$D_0^{t+1}(x_t,y_t)$ 代表以第 $t+1$ 期的技术表示第 t 期的技术效率水平；$D_0^{t+1}(x_{t+1},y_{t+1})$ 代表以第 $t+1$ 期的技术表示的当期技术效率水平。由于大多数的厂商的运营中普遍存在某种程度的技术无效，因此反映在 Malmquist 指数中的生产率的进步可能是技术效率的变化与生产技术进步的结果，技术效率即是给定投入的情况下厂商的获取最大产出的能力，它反映的是生产过程中现有技术利用的有效程度，它以接近生产前沿面（在保持产出组合不变利用投入所能生产的最大产出水平）的程度来衡量；技术进步是把时间因素引入来考虑生产率的变动，生产技术的进步表现为生产前沿的上升。

据此 Fare 将全要素生产率分解成技术效率（方括号外面）和技术变化（方括号内）两个部分（式 3－2）：

$$M_0(x_t,y_t,x_{t+1},y_{t+1}) = \frac{D_0^t(x_{t+1},y_{t+1})}{D_0^t(x_t,y_t)}\left[\frac{D_0^t(x_{t+1},y_{t+1})}{D_0^{t+1}(x_{t+1},y_{t+1})}\times\frac{D_0^t(x_t,y_t)}{D_0^{t+1}(x_t,y_t)}\right]^{\frac{1}{2}} \tag{3-2}$$

以上生产率分解是基于规模不变 CRS 的假设，Feng（1994）为了揭示规模变化 *VRS* 的影响将方程（3－2）中 Malmquist 指数中技术效率，变化进一步的分解为纯效率变化和规模效率变化，纯技术效率就是指规模报酬可变（*VRS*）的假设下，即去除规模效率的影响后，在各年生产技术水平下达到的技术效率水平；规模效率是综合技术效率与纯技术效率的比值，规模效率越接近 1，越接近最适规模，规模效率低则表明在一定技术水平上，农业资源的投入没有达到最佳规模。因此，式（3－3）Malmquist 可以把 TFP 指数分解为技术变化、纯效率变化和规模效率的变化。

$$M_0(x_t,y_t,x_{t+1},y_{t+1}) = \frac{S_0^{t+1}(x_{t+1},y_{t+1})}{S_0^t(x_t,y_t)}\times\frac{D_0^{t+1}(x_{t+1},y_{t+1}/VRS)}{D_0^t(x_t,y_t/VRS)}\times\left[\frac{D_c^t(x_{t+1},y_{t+1})}{D_c^{t+1}(x_{t+1},y_{t+1})}\times\frac{D_c^t(x_t,y_t)}{D_c^{t+1}(x_t,y_t)}\right]^{\frac{1}{2}} \tag{3-3}$$

按照 Fare 等所述方法，以及给定的合适面板数据，可以用数据包络分析 DEA 估计前沿生产函数，DEA 数据包络分析模型是 1978 年由 Charnes、Cooper 和 Rhodes 提出的，它运用线性规划方法构建观测数据的非参数分段曲面（或前沿），然后，相对于这个前沿面来计算效率。Charnes、Cooper 最初提出的是一个投入导向的 DEA 模型，并假定规模收益不变（CRS），1983 年 Fare、Grosskopf 和 Logan 又提出了规模收益可变模型（*VRS*）。本节采用 DEA 方法测算（3－3）式中的距离值。DEA 是利用比率形式，对于每一个厂商，我们希望获得所有产出与所有投入的比率，比如 $u'q/v'x_i$，其中 u 表示产出权数的 $M\times1$ 向量；v 表示投入权数的 $N\times1$ 向量。最优权数可通过求解下述线性规划问题得到。

$$\begin{aligned}&\max_{u,v}(u'q_i/v'x_i)\\&\text{st}\ u'q_i/v'x_i\leqslant1,\ i=1,\ 2,\ \cdots,\ I\\&u,v\geqslant0\end{aligned}\qquad(3-4)$$

求出 u 与 v 的值，满足约束条件：所有的效率测量值必须小于或等于 1，使得第 i 个厂商的效率最大化。这个特殊比率公式存在的一个问题就是它具有无穷多个解。为了避免出现这个问题，可以把 $v'x_i=1$ 施加到上述线性规划模型中，于是求解：

$$\begin{aligned}&\max_{u,v}(u'q_i)\\&\text{st}\ v'x_i=1\\&u'q_i-v'x_i\leqslant0\\&u,v\geqslant0\end{aligned}\qquad(3-5)$$

利用线性规划的对偶性，可以从这个问题推导出如下等价包络模型：

$$\begin{aligned}&\min_{\theta,\lambda}\\&\text{st}-q_i+Q\lambda\geqslant0\\&\theta x_i-X\lambda\geqslant0\\&\lambda\geqslant0\end{aligned}\qquad(3-6)$$

式中，θ 表示标量，而 λ 表示一个 $I\times1$ 常数向量，求解 θ 值将是第 i 个厂商的效率值，θ 将满足≤1 的要求，如果某厂商的 θ 值等于1，那么表明该厂商位于前沿面上，是技术有效的厂商。如果考虑到可变规模报酬 *VRS*，可将技术效率变化分解为规模效率和纯技术效率［见（3-2）式］，凸性约束条件这种扩展需要 $Il'\lambda = 1$ 添加到（3-6）式中，变为，

$$\min_{\theta,\lambda}\theta$$
$$\text{st} - q_i + Q\lambda \geqslant 0$$
$$\theta x_i - X\lambda \geqslant 0$$
$$Il'\lambda = 1$$
$$\lambda \geqslant 0$$

式中，Il 表示元素为 1 的 $I\times 1$ 常数向量。为测算第 i 个厂商全要素生产率变化，就需要对（3-1）式进行扩展计算两个时期的 4 个距离函数值，及求解 4 个线性规划问题。

二、数据来源说明

本章选择 2000—2012 年全国生猪作为考察对象，并把全国生猪分为规模户和散养户，了解全国规模户和散养户生产情况及其差异；侧重分析 21 世纪以来我国生猪生产效率的变化情况。

模型选择 1 个产出指标和 6 个投入指标，为了剔除价格影响，所有指标都采用实物量形式。产出是主产品总产量（万千克），是用历年的生猪出栏头数乘以当年的主产品产量；投入包括 6 个投入指标，分别是仔猪重量（万千克）；精饲料数量（万千克）；劳动力用量（万千克）；燃料动力用量，是用燃料动力费除以以 2000 年为基期的相应年份农业生产资料价格指数；医疗防疫实物量，是用医疗防疫费除以以 2000 年为基期的相应年份农业生产资料价格指数；固定资产折旧量，是用固定资产折旧费除以以 2000 年为基期的相应年份固定资产投资价格指数。所有投入数据均采用总量数据，即用历年的生猪出栏头数乘以当年每头生猪平均耗用的对应投入要素的数量。产出数据来自历年的《中国统计年鉴》，投入数据来自历年《全国农产品成本收益资料汇编》。

第四节　模型结果与分析

采用DEAP2.1（Coelli T.J，1996）软件对2000—2012年我国生猪产出和投入数据进行估计。测算出2000—2012年全国规模户和散养户饲养生猪的全要素生产率的变化，并把全要素生产率变化分解为技术效率的变化、技术进步的变化，技术效率的变化又进一步分为纯技术效率的变化和规模效率的变化。结果整理与分析如下。

一、全要素生产率分析

（一）全国生猪全要素生产率变化及其分解

总体来看，21世纪以来全国生猪全要素生产率呈下降趋势，年均下降2.2%。2000—2012年全国生猪全要素生产率变化在0.7～1.4，2004年以前波动较大，2002年全要素生产率为0.783，而2003年全要素生产快速上升至1.337；2004年以后7年间（除了2010年）基本徘徊在0.9～1.0。在10年间，2002年全要素生产率下降最多，比上年下降了21.7%，2003年增长最快，比上年增长了33.7%。

表3-3　我国生猪全要素生产率及其构成的变化

年份	技术效率变化 (1)=(3)×(4)	技术进步 变化(2)	纯技术效 率变化(3)	规模效率 变化(4)	全要素生产率变化 (5)=(1)×(2) =(2)×(3)×(4)
2000—2001	1	1.058	1	1	1.058
2001—2002	1	0.783	1	1	0.783
2002—2003	1	1.337	1	1	1.337
2003—2004	1	0.907	1	1	0.907
2004—2005	1	0.966	1	1	0.966

（续）

年份	技术效率变化 (1)=(3)×(4)	技术进步 变化(2)	纯技术效 率变化(3)	规模效率 变化(4)	全要素生产率变化 (5)=(1)×(2) =(2)×(3)×(4)
2005—2006	1	0.944	1	1	0.944
2006—2007	0.995	0.88	1	0.995	0.875
2007—2008	1.005	0.995	1	1.005	1
2008—2009	1	0.882	1	1	0.882
2009—2010	1	1.147	1	1	1.147
2010—2011	1	0.983	1	1	0.983
2011—2012	1	0.953	1	1	0.953
平均	1	0.978	1	1	0.978

技术效率基本保持不变。2000—2012 年全国生猪平均技术效率为 1，除了 2007 年（0.995）和 2008 年（1.005）外，其余年份的技术效率均为 1，保持不变。说明近年来生猪技术效率没有得到改进。从技术效率的构成来看，技术效率的变动主要是由于规模效率的变动引起的，而纯技术效率在 12 年来一直保持为 1，纯技术效率变动主要由新技术推广而引起的，这说明近年来新技术转化推广几乎没有得到任何改进。

技术进步呈现退步趋势。2000—2012 年全国生猪年平均技术进步为 −2.2%，技术进步为负值，说明技术进步呈倒退状态。在 12 年中，只有 2001 年、2003 年和 2010 年技术进步呈上升趋势，其余年份技术进步呈现不同程度的下降。特别是 2002 年和 2007 年，技术进步分别比上年下降了 22%和 12%。技术进步主要是由于技术创新引起的，这说明近年来我国生猪技术创新滞后，不能满足生猪生产技术需要。

技术进步缓慢是全要素生产率下降的主要原因。2000 年以来，技术效率基本保持不变，但技术进步缓慢甚至呈现倒退，这是导致全要素生产率下降的原因。技术进步缓慢或停滞可能与近年来生猪生产技术没有重大的突破有关，这也说明目前生猪生产中生产者对现有技术的应用达到了一定的水平，依靠现有的技术再提高效率的空间很小，要想有更多的产出，应该引进新技术。近十多年来，技术效率一直没有改进，平均规模效率和平均纯技术效率均为1，这意味着生产者对现有技术已经充分利用，规模上和技术利用上已没有改进的空间，生猪业发展已进入了技术瓶颈约束阶段，需要引起业界的重视。另外，全要素生产率、技术进步呈现较大的波动性，这可能与生猪疫病、生猪生产和价格波动有关。

（二）规模户和散养户生猪全要素生产率变化及其分解

散养户和规模户的生猪全要素生产率变化基本一致，均呈下降趋势，而且其技术效率均为1，技术效率的分解部分纯技术效率和规模效率都均为1；技术进步均呈下降趋势；也就是说，散养户和规模户的生猪全要素生产率下降均是由技术进步下降引起的。

散养户生猪全要素生产率下降幅度大于规模户生猪全要素生产率下降幅度。从表3-4可以看出，2000—2012年散养户生猪全要素生产率年均下降3.5%，规模户生猪全要素生产率年均下降0.9%，散养户生猪全要素生产率下降的主要原因是技术进步倒退较多。这说明规模户相对于散养户来说，更加重视科学技术在生产中的应用，因而整体技术水平要高于散养户。

表3-4　规模户和散养户生猪全要素生产率及其构成的变化

年份	技术效率变化(1)=(3)×(4)	技术进步变化(2)	纯技术效率变化(3)	规模效率变化(4)	全要素生产率变化(5)=(1)×(2)=(2)×(3)×(4)
散养户	1	0.965	1	1	0.965
规模户	1	0.991	1	1	0.991
平均	1	0.978	1	1	0.978

二、主要分析结论

本研究通过对我国生猪生产技术效率和全要素生产率的变化进行的测算，得出如下几点结论：

(1) 从总体来看，21 世纪以来，全国生猪全要素生产效率均呈下降的趋势，年均下降 2.2%。

(2) 技术效率基本保持不变，技术进步呈现退步的趋势。2000—2012 年全国生猪年平均技术进步为 -2.2%，技术进步缓慢是全要素生产效率下降的主要原因。

(3) 散养户生猪全要素生产效率下降幅度大于规模户生猪全要素生产效率下降的幅度。

第四章

我国生猪生产波动分析

第一节　生猪生产波动周期分析

在开放的市场体系中，农产品的生产和价格历来就具有不稳定性，这种不稳定性来源于市场供给和需求双方的不稳定性，在生猪产业中是以周期运动的形式表现出来的。西方经济学家早在20世纪二三十年代就发现，生产与价格的不稳定（生产与价格的波动）是北美及欧洲生猪产业的主要特征之一，并对这一现象进行不断的研究。

在计划经济体制下，我国生猪生产的任务、订购价格和粮食价格由政府统一制定，这在一定程度上削弱了生猪生产与价格不稳定的成因，使得任何较大的价格波动或生产周期波动都难以形成。

但在改革开放以来，特别是20世纪90年代以后，市场力量在我国生猪市场中发挥着越来越大的作用，生猪生产周期和价格的波动开始日益显现，而且波动频繁发生、幅度难以控制，这对我国生猪生产和居民消费带来了一定的困扰，也引起了社会和业界的极大关注。

目前，对我国生猪生产与价格波动问题进行研究，发现猪肉生产的波动规律，测定生猪生产的周期，对于生产者（生猪养殖者）的决策、政府政策的制定、消费市场的稳定，都有重要的现实意义。同时，对于促进我国生猪产业的稳定和可持续发展也有着重要的现实意义。

一、我国生猪生产增长与波动的总体情况

改革开放以来，我国生猪生产一直呈现波动型增长的趋势。1980—2009 年我国生猪生产，除其间有个别年份出现生产下降之外，总体保持快速增长的趋势，生猪存出栏和猪肉产量大幅提高。2009 年我国生猪存栏、出栏和猪肉产量分别达到了 46 996 万头、64 539 万头和 4 890.8 万吨，分别是 1978 年的 1.6 倍、4 倍和 6 倍，年增长率分别为 1.4%、4.6%和 6%。

在生猪生产快速增长的同时，波动性的特征也比较明显，在某些年份出现较为剧烈的波动，困扰着生猪业的稳定发展。自 20 世纪 80 年代以来，生猪生产经历了几次较大的波动，生猪生产分别在 1983 年、1987 年、1990 年、1996 年、2000 年和 2007 年陷入低谷，猪肉产量的增长率明显下降，特别是 2007 年生猪产量的绝对量首次下降，生猪存栏总体同比减少 8%～10%，猪肉产量比上年下降 363 万吨，降幅 7.8%，生产下降造成市场供应短缺和价格的大幅上涨。

而生猪生产在 1985 年、1988 年、1995 年、1997 年和 2005 年达到高峰（图 4－1），猪肉产量和增长率均大幅度提高，其中 1995 年猪肉产量达到 3 085 万吨的高点，同比增长率高达 18.63%，创 20 世纪 80 年代以来的最高点。由此造成市场供应过剩，出现了“卖猪难”的现象，此后猪肉价大幅度下跌。

在 1980—2010 年这 30 年间，生猪生产最高增长率和最低增长率之间最大差距超过 25%，这表明生猪生产增长的不稳定性是比较显著的。

在市场经济条件下，生猪市场波动是由于生猪供需求在动态中的失去相对平衡所造成的，而且波动的幅度一般由供求矛盾的大小来决定，表现为一定的周期性。在一定范围内的波动，一方面会使一部分基础设施差、生猪饲养管理水平低、疫病防控能力

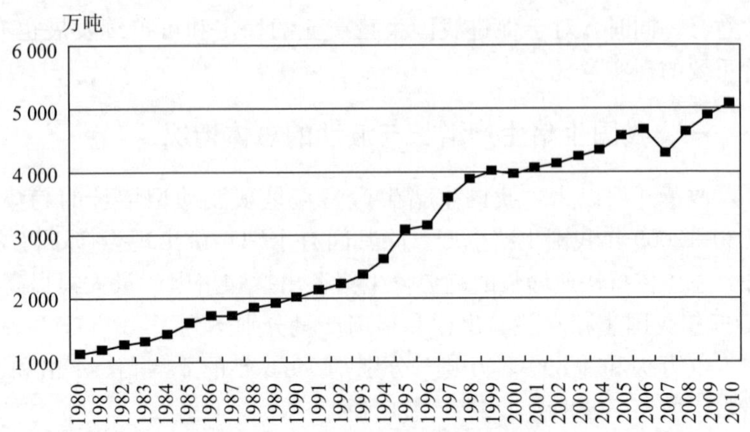

图 4－1　1980—2010 年我国猪肉产量波动情况

数据来源：根据历年《畜牧业统计年鉴》整理。

弱的生猪饲养散养户退出养猪业，从而促进我国养猪业的规模化发展，并提高养猪业的整体水平。另一方面也会使生猪养殖户风险意识增强，他们会加强生猪的饲养管理，提高自身应对市场风险的能力和水平。

但如果波动幅度过大，则会使生产者不能得到相对稳定的长期利润，在生猪生产步入低谷时，会对生猪生产者造成巨大的经济损失，因而加速其退出生猪养殖业。长此以往，会使生猪养殖户产生恐惧的心理，使其养殖的积极性降低，这对于生猪产业的稳定发展、居民消费的稳定供给、甚至国民经济发展和社会的稳定都会造成十分不利的影响。

二、我国生猪生产波动周期的测定

生猪生产波动一直困扰着生猪产业发展，关于生猪生产波动周期的研究也一直是学者们探究的问题，其中波动周期的划分和确定是波动分析中的重要方面。林智元（1990）分析了 1952—1988 年我国生猪生产波动的情况：分别把年末存栏数、出栏数和猪肉产量作为划分波动周期的指标，测算出波动周期分别为 7 个、

6个、7个周期。刘政（1992）年根据1952—1991年生猪出栏数，得出生猪生产波动周期共有6次。张空等人（1996）的研究结论为：我国养猪业有5次波动，其中3次大的波动和2次较明显的小波动。陈顺友等（2000）根据1949—1999年我国生产数据，认为我国养猪业一共经历了13次波动，最长的波动周期为5年，最短的为1.5年，大致每4年就有一次较大的波动。

农业部生猪波动规律性研究课题组（2007），以活猪价格和猪肉产量为指标，分析得出在1980—2007年，生猪生产和价格的波动平均周期大约为6年左右。赵秦军（2009）的分析结论表明，中国生猪产量存在6年左右的中周期和3.75年左右的短周期。陈蓉（2009）利用HP滤波法对1952—2007年我国生猪生产波动周期进行研究，得出结论认为，总体上我国生猪生产平均每6年多就会发生一次大的生产波动。另外，还有一些学者如张火法（1996）、王征兵（1999）、湖南生猪生产波动研究课题组（2003），也对我国部分省份的生猪生产波动周期进行了研究。

以上不同的学者采用的研究方法不同，选取的指标和时期也不尽相同，得出生猪波动周期的结论也存在差异，尤其是在对于全国性生猪生产波动周期的看法上争议很大。本研究欲采用相同的指标对相同的时间段内的生猪生产情况进行分析，计划分别运用以下二种不同的测定方法，对生猪生产波动周期进行测定，并比较不同方法的测定结果，进一步寻找其异同，以便尽可能全面地分析生猪波动周期问题。

目前，经济变量波动测量方法主要有三种：速度法、剩余法和滤波法，不同的方法各有其优缺点。速度法是以猪肉产量的年际环比增长率来衡量波动强度的，这种方法简单易行、直观明了，但其测定结果不能有效地剔除长期趋势的影响，其结果易受相邻年份数值波动的干扰；剩余法和HP滤波法这两种方法，能对影响生猪生产变动的趋势成分和波动成分进行分解，HP滤波法计算比较复杂，但拟合效果较好，弥补了速度法测定的不足。

本研究通过选取1980—2010年全国生猪生产数据来进行分析

研究。分析生猪生产波动选取的变量指标一般包括生猪存栏量、生猪出栏量和猪肉产量等，生猪存栏量和生猪出栏量之间的变动差异由出栏率决定，生猪出栏量和猪肉产量差异由每头活猪重量变化决定，因此生猪存栏量和出栏量的变化最终会在猪肉产量中表现出来，三者的变化情况具有基本相似的趋势。陈蓉（2009）用1952—2006年生猪存栏量、出栏量和猪肉产量数据分析生猪生产波动，发现从大的波动看，三者周期划分较为一致，这反映出三者协同变化的趋势。林智元（1990）通过分析得出结论认为，用猪肉产量作为划分周期的指标比较合理。所以，本研究只选择猪肉产量来作为主要分析指标，这样既可以简化数据，又能基本反映出生猪生产波动的实际情况。

（一）速度法

速度法是以经济变量的实际产量计算得到的年际环比增长率来衡量波动强度，根据一定时期内经济变量增长率变动情况寻找波峰、波谷，以此进一步确定生猪生产波动周期。对生猪生产而言，生猪生产波动指数定义为：

$$I=100\times（Y_t-Y_{t-1}）/Y_{t-1}$$

式中，I为在年际间波动指数即环比增长率；Y_t为t年猪肉的实际产量；Y_{t-1}为$t-1$年的实际产量。这种方法根据实际产量的上下变动情况来分析，简单易行，接近实际生产情况，但不能有效剔除长期趋势成分其易受短期波动的影响，这是速度法的最大缺陷。

依据周期波动理论，一个完整的波动周期要求从波峰点开始下降到波谷点后又恢复到波峰点，按照“峰→峰”（从一个波峰到另一个波峰）或“谷→谷”（从一个波谷到另一个波谷）来划分周期，以年度为单位的时间序列，其波峰或波谷的间隔时期至少应为2年，波幅要达到一定的标准。下面采用速度法，以猪肉产量环比增长率（表4-1）为基准，采用“峰→峰”的分析法，结合1980—2010年猪肉产量平均增长率6.4%的实际情况，按照波动幅度超过8%（大于平均增长率），相隔时间超过2年以上为标准，对1980—2010年生猪生产周期进行大致的划分。

表4-1　年猪肉产量及增长率

单位：万吨、%

年份	猪肉产量	年增长率	年份	猪肉产量	年增长率
1980	1 134.1	13.25	1996	3 158.0	2.36
1981	1 188.4	4.79	1997	3 596.3	13.88
1982	1 271.8	7.02	1998	3 883.7	7.99
1983	1 316.1	3.48	1999	4 005.6	3.14
1984	1 444.7	9.77	2000	3 966.0	−0.99
1985	1 621.2	12.21	2001	4 051.7	2.16
1986	1 723.9	6.34	2002	4 123.1	1.76
1987	1 725.6	0.10	2003	4 238.6	2.80
1988	1 858.9	7.73	2004	4 341.0	2.41
1989	1 916.2	3.08	2005	4 555.3	4.94
1990	2 017.4	5.28	2006	4 650.5	2.09
1991	2 124.8	5.33	2007	4 287.8	−7.80
1992	2 237.1	5.28	2008	4 620.0	7.75
1993	2 374.0	6.12	2009	4 890.8	5.86
1994	2 611.4	10.00	2010	5 070.0	3.66
1995	3 085.3	18.15			

注：1985—1997年数据为调整数据，原因是1996年进行了第一次全国农业普查，数据在1997年底以前录入完成，根据普查结果，1998年《中国统计年鉴》中的数据做了调整，比1997年的数据下调了22%，由此认为，1996年以前数据存在虚报成分。为克服数据缺陷，对1985—1997年数据采用估算的虚报比例加以调整，而1997年以后数据则采用年鉴中的数据。

速度法分析的结果（表4-2）表明，1980—2010年我国生猪生产已完成6个完整的周期，第7个周期从2008年开始至2010年尚未结束。根据计算结果，前6个波动周期中周期长度最短为3年，最长为8年，平均周期为4.7年，波峰平均为13.9%，波谷平均 0.1%，平均振幅为 11.3%（表 4-2）。

总体来看，20 多年来波动周期有越来越长的迹象，逐步由 20 世纪 80—90 年代的 3～5 年，增加到 20 世纪 90 年代以后的 7～8 年。但从 2005 年（即第 6 个周期）开始，周期缩短，在短短 3 年内波幅达到 15.6%，属于异常波动，这是多重因素叠加的结果。

首先是 2006 年全球粮食减产和石油价格飙升，一些国家利用玉米加工燃料乙醇增加，导致国际粮价持续上升，推动饲料成本的增加，养殖成本上升使部分生猪养殖者减少存栏或退出养猪业。

其次是动物疫情对生猪生产波动起了助推作用。自 2006 年下半年以来，在部分生猪主产省暴发的猪蓝耳病疫情，直接导致这些地区仔猪供应紧张，育肥猪出栏量大幅降低。

另外规模户饲养量上升未能弥补散养户下降的缺口。根据农业部对全国 20 个生猪主产省的调研，2007 年 7 月散户饲养农户存栏量同比减少 15%，户均饲养生猪头数同比减少 20%。这些因素叠加的共同作用使 2007 年生猪生产大幅下降，猪肉产量骤减，由此造成了生猪生产和价格的剧烈波动。

表 4-2　根据速度法测算的生产波动周期

周期序号	起止年份	波长（年）	波峰（%）	波谷（%）	波幅（%）
1	1980—1985	5	13.3（1980）	3.5（1983）	9.8
2	1985—1988	3	12.2（1985）	0.1（1987）	12.1
3	1988—1995	7	18.2（1995）	3.1（1989）	15.1
4	1995—1997	2	18.2（1995）	2.4（1996）	15.8
5	1997—2005	8	13.9（1996）	−1（2000）	14.9
6	2005—2008	3	7.8（2008）	−7.8（2007）	15.6
7	2008 年以后				
平均	1980—2008	4.7	13.9	0.1	11.3

注：①括号内为波谷波峰的年份。

②从结果可以看出 2008 年生猪生产开始进入第 7 个周期，这个周期到 2010 年仍未结束。

（二）剩余法

剩余法的基本思路是将变量的变动分解为长期趋势变动和波动两部分，按照某一方法将趋势变动剔除，其余部分即为经济变量的波动。剔除趋势变动的方法主要有回归法、移动平均法、指数平滑法、最小二乘法、三点法等。用该种方法构建的波动指数或变异率的数学表达式为

$$RV_t = (Y_t - \hat{Y}_t) / Y_t$$

式中，$\hat{Y}_t$ 为猪肉产量期的趋势估计值，RV 反映经济变量的稳定程度，RV 越大，说明经济变量的稳定性越差；RV 越小，则经济变量的稳定性越好，因此它可以作为周期划分的依据。

本研究分别采用直线法、二次项法和指数法对时间趋势进行拟合，发现直线法的拟合效果最好，且统计意义最为显著（表 4-3），因此选择直线法得出拟合值，然后剔除长期趋势变动，得到短期波动，求出历年的变异率（表 4-4）。

表 4-3　猪肉产量的时间趋势拟合

估计结果 / 函数形式	估计方程
直线法	$Y=504.4\ (82.72)+139.49\ (4.24)\ t$ $R^2=0.972\,1\ F=1\,079.4$
二次项法	$Y=581.37\ (129.87)+126.30\ (17.61)\ t+0.39\ (0.502\,4)\ t^2$ $R^2=0.972\,6\ F=523.96$
指数法	$\log(Y)=6.90\ (172.51)+0.055\ (26.83)\ t$ $R^2=0.957\,8\ F=720.03$

注：括号内为 t 值。

从表可以看出，1980—2010 年变异率在－16%～18%，变异率较大（绝对值超过 10%）的年份主要集中在 1980—1981 年、1987—1994 年、1988—1999 年，共 11 个年份，约占调查年份的 40%，说明生产波动比较频繁。而从 2000 年以后（2007 年除外），

其他年份的变异率逐渐减小，说明实际产量和拟合产量之间的差距不断缩小，生产趋于稳定。

表 4-4 由剩余法估计的 1980—2010 年猪肉产量及变异率

单位：万吨、%

年份	拟合猪肉产量	变异率	年份	拟合猪肉产量	变异率
1980	922.9	18.62	1996	3 154.7	0.11
1981	1 062.4	10.61	1997	3 294.1	8.40
1982	1 201.9	5.50	1998	3 433.6	11.59
1983	1 341.4	−1.92	1999	3 573.1	10.80
1984	1 480.8	−2.50	2000	3 712.6	6.39
1985	1 620.3	0.05	2001	3 852.1	4.93
1986	1 759.8	−2.08	2002	3 991.6	3.19
1987	1 899.3	−10.07	2003	4 131.0	2.54
1988	2 038.8	−9.68	2004	4 270.5	1.62
1989	2 178.3	−13.68	2005	4 410.0	3.19
1990	2 317.7	−14.89	2006	4 549.5	2.17
1991	2 457.2	−15.65	2007	4 689.0	−9.36
1992	2 596.7	−16.08	2008	4 828.5	−4.51
1993	2 736.2	−15.26	2009	4 968.0	−1.58
1994	2 875.7	−10.12	2010	5 107.4	−0.74
1995	3 015.2	2.27			

根据变异率按“峰→峰”法，划分波动周期，可以看出从1980—2010年生产波动大致可划分为6个周期，周期长度在3～7年不等，周期平均长度为5年；波峰平均为7.9%，波谷平均为−6.1%，波幅平均为14%（表4-5）。波动的总体特征是：20世纪80年代初到90年代末的约20年间，波动较大，最大波幅达到了约35%；1980—1992年波幅不断下降；1992—1998年波幅开始增加；1998年以后，波动趋缓，一直持续到2005年，波幅为10%左右；2005—2010年波幅又开始变大，波幅约为13%。

表 4-5 用剩余法测定的生猪波动周期

周期序号	起止年份	波长（年）	波峰（%）	波谷（%）	波幅（%）
1	1980—1985	5	18.6（1980）	−2.5（1984）	21.1
2	1985—1988	3	0.1（1985）	−10.1（1987）	10.2
3	1988—1995	7	2.3（1995）	−16.1（1992）	18.4
4	1995—1998	3	11.6（1998）	0.1（1996）	11.5
5	1998—2005	7	11.6（1998）	1.6（2004）	10
6	2005—2010	5	3.2（2005）	−9.4（2007）	12.6
平均	1980—2010	5.0	7.9	−6.1	14.0

注：括号内为波谷波峰的年份。

（三）HP 滤波法

HP 滤波法是 Hodrik 和 Prescoot（1980）在分析战后美国的经济周期的论文中首次使用，该方法是一种非线性回归技术，可以灵活运用，拟合效果较好，在生产波动分析中得到广泛应用。其具体含义如下：

设 Y_t 是包含趋势成分和波动成分的经济时间序列，Y_t^T 是其中含有的趋势成分；Y_t^c 是其中含有的波动成分。

$$Y_t = Y_t^T + Y_t^c \qquad t=1,\ 2,\ \cdots,\ T$$

计算 HP 滤波就是从 Y_t 中把 Y_t^T 分离出来。对于时间序列，滤波就是选择一个时间估计序列，使下列估计值最小：

$$\min\left\{\sum_{t=1}^{T}(Y_t - Y_t^T)^2 + \lambda\sum_{t=1}^{T}\left[(Y_{t+1}^T - Y_t^T) - (Y_t - Y_{t-1}^T)^2\right]\right\}$$

求得 Y_t^T 。然后计算变异率（Ratio of Variation）：$RV = Y_t^c / Y_t^T$ 作为波动周期划分的依据，反映经济变量的短期波动情况。

1. 长期趋势

应用 HP 滤波法，对 1980—2010 年猪肉产量进行长期趋势分解，结果见图 4-2，Y 表示猪肉产量，Trend 表示猪肉产量的 HP 滤波的趋势值，Cycle 表示猪肉产量的波动值。从图中可看出，HP 滤波法对长期趋势的拟合效果较好，剔出趋势值后的波动值围绕零值上下波动。从长期趋势看，我国猪肉产量表现为长期快速增长的态势，从波动分量看，我国生猪生产表现为周期性特征，从2006年以后出现异常（图4-2）。

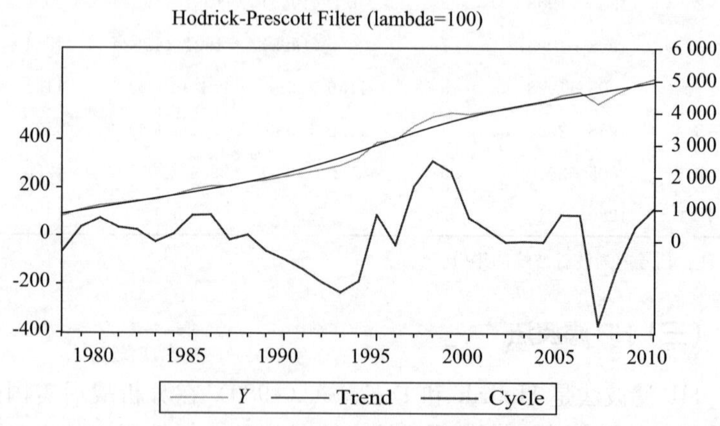

图4-2　用滤波法测定的生猪长期趋势和波动周期

2. 短期波动

根据HP滤波得到长期趋势和波动分量，计算的变异率（表4-6），从表可以看出，1980—2008年变异率在－8.9%～8.6%，波动较大的年份是1980、1985、1986、1995、1997、1998和1999年变异率在5%以上，1992、1993和2007年变异率在－8%～－9%。

表4-6　由滤波法估计1980—2010年猪肉产量和变异率

单位：万吨、%

年份	拟合猪肉产量	变异率	年份	拟合猪肉产量	变异率
1980	1 060.1	6.97	1985	1 535.6	5.57
1981	1 154.3	2.96	1986	1 636.6	5.34
1982	1 248.0	1.91	1987	1 742.4	－0.97
1983	1 342.1	－1.94	1988	1 855.7	0.17
1984	1 437.7	0.49	1989	1 978.9	－3.17

（续）

年份	拟合猪肉产量	变异率	年份	拟合猪肉产量	变异率
1990	2 114.5	−4.59	2001	4 026.5	0.63
1991	2 264.2	−6.16	2002	4 149.3	−0.63
1992	2 428.9	−7.90	2003	4 262.2	−0.55
1993	2 608.1	−8.98	2004	4 367.4	−0.61
1994	2 799.4	−6.72	2005	4 467.2	1.97
1995	2 998.0	2.91	2006	4 563.2	1.91
1996	3 197.1	−1.22	2007	4 658.4	−7.95
1997	3 391.1	6.05	2008	4 756.2	−2.86
1998	3 573.6	8.68	2009	4 856.6	0.70
1999	3 740.6	7.08	2010	4 958.1	2.26
2000	3 891.0	1.93			

按照“峰→峰”法，1980—2010年可以划分6个完整波动周期，周期长度在3～7年不等，波动幅度在−8.9%～8.6%，周期平均长度为5年，波幅平均为9.5%，波峰平均5.9%，波谷平均−3.6%（表4-7）。从波动周期看有变长的趋势，从20世纪80年代的3～5年，90年代为3～7年，2000年以后为5～7年；波动幅度在1995年之前，表现为先减小后增大，1995年之后波幅减小并趋于稳定在10%左右。

表4-7　用滤波法测定的周期波动

周期序号	起止年份	波长（年）	波峰（%）	波谷（%）	波幅（%）
1	1980—1985	5	6.9（1980）	−1.9（1983）	8.8
2	1985—1988	3	5.6（1985）	−1（1987）	6.6
3	1988—1995	7	2.9（1995）	−9（1993）	11.9
4	1995—1998	3	8.7（1998）	−1.2（1996）	9.9
5	1998—2005	7	8.7（1998）	−0.6（2002）	9.3
6	2005—2010	5	2.3（2007）	−8（2010）	10.3
平均	1980—2010	5.0	5.9	−3.6	9.5

注：括号内为波谷波峰的年份。

(四) 三种周期测定结果比较

以上三种方法得出周期的结果存在着异同的。从周期数量来看，采用剩余法和 HP 滤波法 1980—2010 年生猪生产均已经完成 6 个波动周期，而速度法从 2008 年开始进入第 7 个周期，但 2010 年尚未结束；从周期长度来看，三种方法测量结果基本一致；从波幅来看，滤波法测定的波幅变动范围较小，其他两种方法测定的波幅变动范围较大，可能是滤波法能有效的剔除长期趋势的影响，对周期的测定更为精确。综上所述，采用三种方法得出的生猪波动周期长度测定和波动的分析是既有区别又有联系的。根据三种方法的结果综合来看，我国生猪生产从 1980—2010 年大致经历 6 个周期，平均周期长度为 5 年，平均波幅为 12%，除个别年份异常外，30 年来周期长度呈越来越长的趋势，而波幅的变化仍很不稳定（表 4 - 8）。

表 4 - 8　三种测定周期结果的比较

	速度法	剩余法	HP 滤波法	平均
周期数	6	6	6	6
周期长度范围	3～8 年	3～7 年	3～7 年	3～8 年
平均周期长度	4.7 年	5 年	5 年	5 年
波幅变动范围	9.8%～15.8%	10%～18.4%	6.6%～11.9%	7%～18%
平均波幅	11.3%	14.0%	9.5%	12.0%

三、基本结论

我国生猪生产波动为增长型的波动，长期主要表现为一种趋势增长，并伴随着短期波动，呈现出一定的周期性。生猪生产周期性是多种因素综合的结果，可能与生猪生物机制、猪肉消费随着我国居民收入增加变得缺乏弹性、生猪利润周期等有关系。另外，我国生猪养殖规模化程度低，抵御风险能力弱也是造成生猪生产波动的重要原因。

本研究采用速度法、剩余法和滤波法对生产周期进行测定，发现我国生猪生产从 2008—2010 年大致经历 6 个周期，平均周期长度为 5 年，平均波幅为 12%。从过去 30 年的生猪生产情况看，生猪波动呈周期越来越长的趋势，但近年来生猪生产受外部因素影响加大，波动幅度加大，如 2007 年出现的异常波动，主要是受 2006 年全球粮食减产、饲料涨价、蓝耳病的暴发、散户的大量退出等影响造成的。但随着未来我国生猪规模化程度的提高和对生猪生产宏观调控的不断加强，生猪生产波动幅度可能会趋于下降。

第二节　生猪生产波动原因分析

波动性是生猪产业的主要特征，这种不稳定性以价格和生产的周期运动模式显现出来。所谓的周期是指波动的生产和价格反复进行的历史运动模式。研究生猪周期运行规律及生猪生产波动的形成机理，分析生产波动的成因，对减缓生猪业大的波动，保持生猪业稳定健康发展具有重要意义。

一、生猪生产波动的影响因素

英国经济学家培高认为引起经济波动的原因有两个：一是外部冲击，导致经济波动；二是内部结构，它决定了经济系统以某种方式对初始外部冲击做出反应。生猪生产也是一个投入产出的经济再生产过程，其生产波动同样来自这两个方面，通过对各种影响生猪生产波动因素的综合考虑，本研究把影响生猪波动因素分为三个方面：市场机制、生物机制、外部冲击，其中前两项属丁内部因素。

市场机制主要是指市场经济条件下价格对生产波动产生的影响，价格包括生猪价格、玉米价格和猪粮比价因素；生物机制指生猪生产繁育周期对生产的影响。外部冲击，指外部因素对生猪生产波动的影响，指国家宏观经济环境，即 GDP 增长率、相关的政策法规以及重大疫情疫病等，它们通过内部因素的传导对生猪生产波动产生影响，甚至决定波动过程中的转折点，是波动分析中不可忽视的因素（胡鞍钢，1994）。

1. 市场机制

（1）生猪价格。按照经济学理论，产品价格是决定生产者决策行为的最主要因素，在其他条件不变的情况下，商品价格与供给量呈正方向变化，某种商品价格上涨，生产者获利增加，生产量就会增加，反之，生产量减少。生猪价格同生猪出栏数呈现出紧密相关关系，生猪价格变化可能是引起生猪生产波动的主要原因，但同时生猪的价格与产量有时又互为因果。

生猪生产与生猪价格存在着相互作用的关系，生猪价格上涨，生猪生产就增加，市场供给就增多，结果造成市场供大于求，价格又会下降，生产者无利可图，故而减少产量，此后价格开始上升，由此形成一个循环周期，这也就是农产品价格蛛网模型所揭示的农产品价格和生产之间的重复的循环运动关系。

（2）玉米价格。在粮食中，生猪饲料主要以玉米为主，不管哪种规模的生猪饲养户，玉米在原粮饲料中所占的比例都是最高的，达到78%（中国农科院农经所生猪生产成本构成课题组，2000），粮食价格对生猪生产的影响主要是指玉米价格对生猪生产的影响。玉米的价格大致反映了生猪饲养成本的变化情况，也决定了农户的养殖行为。一般来说，生猪产量和玉米价格呈反向变动关系，玉米价格上升，生猪养殖成本增加，养殖户养殖积极性下降；反之，则养殖户养殖积极性会增强，从而导致生猪产量的增长。

（3）猪粮比价。猪粮比价（猪肉价格与粮食价格的对比）是指活猪价格与玉米价格的比值，它直接决定生猪养殖者能够获得的利润多少。生猪生产者追求利益最大化，因此猪粮比价影响到生产者的生产经营决策，从而直接影响到生猪的出栏量。

一般来讲，猪粮比价越高，养殖效益也越高，生猪产量就会增加；反之，猪粮比价越低，养殖效益也越低，生猪产量就会减少。长期以来，猪粮比价已经成为衡量我国养猪业是否盈利的一个传统指标。

近年来，我国生猪饲养成本结构发生了一些新的变化，特别是2007—2008年，在成本结构中仔猪费用和人工费用的比重增加，饲料中蛋白饲料豆粕的比重也在增加。相对而言，玉米成本在生猪养殖成本中的比重有所下降。但猪粮比价可以根据形势变化适当对盈亏平衡点进行微调，至今猪粮比价仍然可以有效地反映我国养猪业的利润情况，并可以此来预测我国生猪生产未来的变动趋势。

2. 生物机制

能繁母猪是生猪生产的基础，生猪生产首先受到生物机制（母猪产仔数量）的制约。在目前的技术水平下，生猪生产中生长周期从二元母猪补栏到其生产的仔猪育肥出栏大约需要13个月的时间，因此，能繁母猪数量的变化就直接影响生猪出栏量的波动。

当生猪养殖效益好时，养殖户就要增加生猪饲养量，这就必须首先增加能繁母猪的数量，然后经过13个月的时间，生猪出栏量增加的效果才会显现。反之，养殖户也会通过提前淘汰或宰杀能繁母猪，减少能繁母猪数量，进而压缩生猪养殖的数量。

由于能繁母猪数量与其提供给市场的生猪出栏量之间存在着时滞关系，因而生猪产能的调整需要经历一定的时间周期，这就可能会加剧生猪市场的波动。

3. 外生冲击

（1）GDP增长率。GDP增长率是影响生猪生产波动的宏观经济环境。一般来说，经济增长对生猪生产波动的影响表现在两个方面。当GDP高速增长时，一方面在市场机制的作用下，农业土地、劳动力、资金等资源急剧向工业和城市流动，养猪业比较效益偏低，养猪户会大量空栏，生猪增产速度将逐步减缓；另一方面居民收入快速增加和农村劳动力大量进入城市，使国内猪肉消费呈现出快速增加的态势。这种生猪供需的一增一减就促使生猪价格快速攀升，价格快速增长又反过来刺激养殖户扩大生猪养殖规模。

反之，当经济不景气时，则出现生猪生产增加（农民工从城市返乡从事养猪业）和消费下降（居民收入增长变慢，消费缩减），这两个方面的共同作用促使生猪价格下降，猪价低迷又使生猪养殖业陷入低谷之中。

（2）疫病因素。动物疫病是我国养猪业面临的最大风险。重大生猪疫病的暴发，一方面会造成大量生猪死亡和生猪个体生产性能的下降，直接导致生猪出栏量的大幅度下降；另一方面甚至会使生猪养殖户产生恐慌心理，为了避免可能产生的损失而放弃养猪，因而引起生猪生产产生较大的波动。

近年来生猪业暴发过比较严重的疫情有：1989 年猪流行病、1999 年的口蹄疫、2005 年四川的猪链球菌病、2006 年由南方蔓延至全国的高致病性猪蓝耳病等。疫病暴发导致养殖户受损严重、生猪生产能力下降、猪肉价格上涨，结果必定是引起生猪生产和价格的大幅度波动，进而影响到居民的正常消费和生猪业的健康发展。

（3）政策因素。农业政策和生猪产业发展政策是影响我国生猪产业发展的一个重要因素，一直贯穿于我国生猪产业发展过程之中。改革开放以来，1979 年国家对生猪市场采取了逐步开放的政策，1985 年取消了对于生猪的统购派购制度，这促进了我国生猪生产的发展。1988 实施的“菜篮子”工程和 1998 年提出的“菜篮子”产品“要推广优新品种、优化结构、提高效益”等措施，促进了我国生猪商品化、专业化、规模化和标准化的发展。

针对近几年生猪生产和价格频繁波动的现实，国家对生猪产业的政策支持力度明显加大，宏观调控的手段也逐步加强。比如 2007 年出台了《国务院关于促进生猪生产、稳定市场供应的意见》、2009 年发布了《防止生猪价格过度下跌调控预案（暂行）》，2012 年又发布了《缓解生猪市场价格周期性波动调控预案》，这些政策对于生猪产业的稳定健康发展都发挥了一定的积极作用。

二、生猪产量与生产波动影响因素之间的回归分析

（一）主要因素对生猪产量的影响分析

为了得到各因素对生猪产量波动的影响情况，本研究利用各种因素与生猪出栏量分别进行回归分析，函数形式采用双对数函数；在考虑到生猪生产存在的时滞性，在回归分析中，每个变量分别采用了时滞0年、时滞1年和时滞2年的三种情况；数据选择1979—2009年全国性统计数据。

因变量：*Y* 为生猪出栏量，单位为万头。

自变量：*P* 为生猪价格，*PC* 为玉米价格，均采用历年的名义价格，单位为元；*r* 为猪粮比价，指历年的生猪价格与玉米价格的比值；*YC* 为能繁母猪数量，历年全国能繁母猪存栏数，单位为万头；GDP增长率即国民经济增长率。

分析使用的数据来自历年《中国畜牧业年鉴》《中国统计年鉴》和《中国畜牧统计》。

1. 生猪价格

从模型分析结果来看，当年和滞后2年的生猪生产回归估计系数相对较大，这说明当生猪价格变动后，对当年和此后第2年的生猪出栏数有较大的影响，且影响为正；而对次年的生猪出栏数的影响不明显。当生猪价格上升1%时，可引起当年生猪出栏量增加0.19%，可引起之后第2年的生猪出栏量增加0.48%，但根据统计的显著性判断，生猪价格对生猪出栏量的变动主要体现在之后的第2年（表4-9）。

表4-9　生猪价格与生猪出栏量之间的回归估计

变量	估计系数	T统计量	P值
C	9.674 8	149.573 6	0.000 0
ln*P*	0.199 7	1.349 8	0.189 2
ln*P*（−1）	−0.076 2	−0.335 6	0.740 0
ln*P*（−2）	0.480 1	3.001 8	0.006 0

生猪价格与生猪出栏量之间的这种变化关系可能与养殖户的心理预期和生猪生产周期有关。即当生猪价格上涨时，养殖户为了追求高价可能提前出栏生猪，同时加大补栏，因此，当年的生猪出栏量增加。但由于生猪生产周期的影响，当年补栏到次年还未形成现实生产能力，因此次年的出栏量呈现下降，补栏的效应可能在此后第 2 年才能集中显现，所以此后第 2 年生猪出栏量大幅增加。

2. 玉米价格

当年玉米价格与当年生猪出栏和此后第 2 年的生猪出栏量呈正向变动，而与次年的生猪出栏量呈反向变动（表 4－10）。当年玉米价格变动 1%，可引起当年生猪出栏量增加 0.29%，可引起次年的生猪出栏量下降 0.13%，之后第 2 年的生猪出栏量增加 0.60%。从统计显著性来看，玉米价格对之后第 2 年的生猪出栏量的影响最大，统计的置信度也更高，可以认为玉米价格对生猪出栏量的影响主要体现在之后的第 2 年。

在不同时期，玉米价格对生猪产量影响呈相反的方向，可能与二者之间存在相互作用关系有关，即生猪价格上升，生猪产量增加，饲料需求的扩大，玉米价格也会上升；另一方面，玉米价格上升，饲料成本上升，如果生猪价格不变，则养殖利润减少，养殖户可能缩小生猪养殖规模，而生猪产量下降。

表 4－10　玉米价格与生猪出栏量之间的回归估计

变量	估计系数	T 统计量	P 值
C	10.694 9	374.751 0	0.000 0
$\ln PC$	0.294 8	1.690 3	0.103 4
$\ln PC$（－1）	－0.125 8	－0.480 8	0.634 9
$\ln PC$（－2）	0.595 4	3.461 6	0.001 9

3. 猪粮比价

猪粮比价在三个时期对生猪生产的影响是正的，即猪粮比价提高生猪生产量会增加。从估计系数可以看出，当猪粮比价提高 1%时，会引起当年生猪出栏量会增加 0.77%，次年的生猪出栏量增加 0.44%，之后第 3 年的生猪出栏量增加 0.79%（表 4 - 11）。从统计意义上来看，当年的猪粮比价和滞后 3 年的估计系数的统计意义最为显著，之后第 2 年的不显著，可以认为猪粮比价主要影响当年和之后第 2 年生猪产量的波动。与生猪价格和玉米价格相比，猪粮比价对生猪出栏量的影响更大些，可能因为生猪价格和玉米价格仅仅是从产出或投入单角度考虑，而猪粮比价是利润指标，从效益角度考虑，更能影响生猪生产量。

表 4 - 11　猪粮比价与生猪出栏量之间的回归估计

变量	估计系数	T 统计量	P 值
C	7.242 5	14.095 5	0.000 0
ln*r*	0.772 7	2.342 0	0.027 4
ln*r*（−1）	0.439 1	1.131 6	0.268 5
ln*r*（−2）	0.785 6	2.108 7	0.045 2

4. 能繁母猪数量

由估计结果可以得到，能繁母猪数量对生猪出栏量的影响比较大，且为正的影响。从统计意义上看，当年和滞后 1 年的统计意义比较显著，滞后 2 年的统计意义不太显著，由此可以认为能繁母猪数量对生猪出栏数影响主要体现在当年和次年，即当年能繁母猪数量增加 1%，会引起当年生猪出栏数增加 0.66%，次年的生猪出栏数增加 0.56%（表 4 - 12）。按照生猪生产周期 13 个月计算，当年能繁母猪数量增加，可能在次年和之后第 2 年生猪出栏量会大幅度增加，而实证结果却表明当年能繁母猪数量和生猪出栏量同时增加，这可能是与当年或上一年较大的生猪存栏量较大的有关。

表 4 - 12　能繁母猪与生猪出栏量之间的回归估计

变量	估计系数	T 统计量	P 值
C	−1.517 5	−3.680 5	0.001 1
ln*YC*	0.659 9	3.626 0	0.001 3
ln*YC*（−1）	0.561 3	2.436 6	0.022 3
ln*YC*（−2）	0.274 3	1.635 5	0.114 5

5. GDP 增长率

由回归结果可以看出，GDP 增长率与当年和之后第 2 年的生猪出栏量呈同向变动，而与次年的生猪出栏量呈反向关系（表 4-13）。当 GDP 增长率增加 1%时，当年生猪出栏量增加 0.12%，次年生猪出栏量会减少 0.03%，之后第 2 年生猪出栏量会增加 0.25%。但从统计意义上看，这三个时期的统计意义均不太显著，特别是滞后一年的最为不显著，置信度较低。实证结果与现实的理论分析不一致，将通过下面的综合分析进行解释。

表 4-13　GDP 增长率与生猪出栏量之间的回归估计

变量	估计系数	T 统计量	P 值
C	9.791	11.781	0.000
lnGDP	0.116	0.368	0.716
lnGDP（−1）	−0.032	−0.090	0.929
lnGDP（−2）	0.245	0.782	0.441

（二）各种因素对生猪产量影响的综合分析

上述是对各个因素进行单独分析，即在其他因素不变的情况下，其中一种因素变动对生猪生产波动的影响。事实上，生猪生产是一个复杂的过程，各种影响因素可能会同时发生变化，它们之间存在相互影响，因此，需要把各种因素综合起来考虑，分析对生猪生产的影响。综合影响生猪生产波动的因素有，生猪价格、玉米价格、能繁母猪数量、GDP 增长率、疫病及国家相关政策，猪粮比价是生猪价格与玉米价格的比值，与后二者存在密切的相关性，因此在综合分析中略去。模型采用 1979—2009 年全国性数据，将生猪出栏量作为因变量，各影响因素作为自变量，对二者进行回归分析，函数形式仍然采用双对数函数，生猪价格和玉米价格采用当年的名义价格；疫病和政策采用虚变量处理，疫病虚变量为 $D1$，较大疫病暴发的年份有 1989、1999、2003、2004、2005 和 2006 年均为 1，其余年份为 0；政策虚变量为 $D2$，重大政策变动的年份 1985、1979、1998、2007 年 2008 为 1，其余年份为

0。综合分析中分以下两种情况。

（1）分时期综合因素分析。分时期综合考虑各种因素对生猪产量的影响，即分析各种因素在当年、滞后1年和滞后2年对生猪产量的影响，以比较在不同时期的所有因素对生猪生产影响的程度和持续时间。估计结果详见表4-14。

表4-14 各种影响因素与生猪出栏量之间的回归估计

变量	无时滞		时滞1年		时滞2年	
	估计参数	T统计量	估计参数	T统计量	估计参数	T统计量
C	2.430	2.013*	2.720	2.492	3.925	3.553
ln（P）	0.077	0.546	0.092	0.751	0.115	0.889
ln（PC）	0.162	0.937	0.184	1.217	0.242	1.551
ln（YC）	0.989	6.332*	0.955	6.771*	0.803	5.632*
ln（GDP）	0.002	0.029	0.011	0.216	0.036	0.673
$D1$	0.069	1.301	0.009	0.186	−0.026	−0.529
$D2$	−0.040	−0.760	−0.046	−0.981	−0.070	−1.441

注：*表示在5%水平上显著。

由回归结果得到无时滞、时滞1年和时滞2年的回归方程分别为：

$$\ln(Y) = 2.43 + 0.07\ln(P) + 0.16\ln(PC) + 0.989\ln(YC) + 0.002\ln(\mathrm{GDP}) + 0.069D1 - 0.042D2 \quad (4-1)$$

$$\ln(Y) = 2.72 + 0.09\ln[P(-1)] + 0.18\ln[PC(-1)] + 0.96\ln[YC(-1)] + 0.01\ln[\mathrm{GDP}(-1)] + 0.009D1(-1) - 0.046D2(-1) \quad (4-2)$$

$$\ln(Y) = 3.92 + 0.12\ln[P(-2)] + 0.24\ln[PC(-2)] + 0.80\ln[YC(-2)] + 0.036\ln[\mathrm{GDP}(-2)] - 0.026D1(-2) - 0.07D2(-2) \quad (4-3)$$

从以上三个模型的估计结果比较来看，能繁母猪数量、玉米价格和生猪价格三个变量与其他几个变量相比估计系数较大，统计值也相对较大，可以认为在三个时期中影响生猪产量的主要是这三个因素。从统计意义看，滞后 2 年模型中变量的统计意义均较前两个时期的显著，因而相对来说滞后 2 年模型的模拟效果较好，说明各种因素变动后对之后第 2 年的生猪出栏量的影响最为明显。因此，可以认为第二个模型的结果，即当能繁母猪数量增加 1%，会引起次年生猪出栏量增加 0.96%，玉米价格上升 1%，会引起次年生猪出栏量增加 0.18%，生猪价格提高 1%，会引起次年生猪出栏量增加 0.09%，解释这些变量之间关系的可信度较高。

（2）筛选主要影响因素分析。由于各种因素对生猪产量的影响比较复杂，它们在不同时期的影响程度也会有所不同，所以本章选择把上述所有变量在当年、滞后 1 年和滞后 2 年共三个时期全部放入一个回归方程中，通过逐步回归法，筛选出影响生猪生产最重要的因素，并确定这些因素变化后在哪个时期对生猪生产的影响最大（表 4 - 15）。

表 4 - 15　筛选主要影响因素与生猪出栏量之间的回归估计

变量	估计系数	T 统计量	变量	估计系数	T 统计量
C	2.282	3.569	ln［P（−1）］	−0.132	−2.051*
ln（PC）	0.093	1.333	ln［YC（−1）］	0.596	4.504*
ln（YC）	0.470	4.012*	ln［GDP（−1）］	−0.040	−1.297
$D1$	0.050	2.089*	ln［PC（−2）］	0.305	6.043*
$D2$	0.058	2.298*	$D2$（−2）	0.038	1.595

注：* 表示在 5%水平上显著。

从上表可以看出，能繁母猪数量是影响生猪生产最重要的因素，估计系数较大，T 统计值也比较显著，而且其影响主要在当年和次年，即能繁母猪数量增加 1%，可以使当年的生猪出栏量增加 0.47%，次年的生猪出栏量增加 0.60%。其次是滞后 2 年的玉米价格，即玉米价格上升 1%，可引起此后第 2 年的生猪出栏量增加 0.31%。然后是滞后 1 年的生猪价格，即当年生猪价格上升，可引起次年生猪出栏量的下降。另外是滞后 1 年的 GDP 增长率，与生猪出栏量呈反向变动。政策的影响也主要体现在当年和之后第2年，可以引起生猪出栏量变动0.04%到0.05%。而疫病发生则使当年的生猪出栏数增加，这可能是由于疫病发生会引起养殖户的恐慌而大批出栏，造成当年出栏量的增加有关。

三、基本结论及政策建议

（一）基本结论

（1）生猪生产波动影响主要来自两个方面：一是内部因素，包括生猪价格、玉米价格、猪粮比价和能繁母猪数量；二是外部冲击，包括GDP增长率、相关的政策以及重大疫情疫病等。

（2）从单个因素分析来看，能繁母猪数量和猪粮比价对生猪生产的影响最大。生猪价格对生猪出栏量的变动主要体现在之后的第2年，影响为正；猪粮比价的影响主要在当年和之后的第2年，影响均为正。

（3）从综合分析来看，内部因素的影响大于外部因素的影响。能繁母猪数量是影响生猪生产最重要的因素，主要影响在当年和次年；其次是玉米价格，其影响主要在当年和之后的第2年；然后是生猪价格，其主要影响在次年；GDP增长率的影响较小，其主要影响也在次年；影响最小的是政策和疫病，政策的持续影响相对更强些。

（4）2年时滞模型模拟效果最佳。无论是单个模型的分析还是综合分析，总体来说，大部分影响因素在滞后2年模型的模拟效果较好，说明各种因素变动后对之后第2年的生猪出栏量的影响最为明显。

（二）政策建议

生猪生产过度波动对生猪产业健康稳定发展不利，需要国家对生猪产业发展加强宏观调控。宏观调控需重点关注能繁母猪的数量、生猪价格和玉米价格等重要影响因素的变动情况，并根据影响程度和影响时期，把握调控力度和调控时机，进行适时适度科学的调控。应对调控效果进行分析，不断反馈进而完善调控政策和措施。

同时，各级政府要继续扶持我国生猪产业发展，以提高生猪产业综合素质，减少疫情的发生，提高生猪养殖户的抵抗风险能力，从根本上减缓生猪生产波动对我国养猪业发展的实际影响。

第五章

我国生猪价格波动分析

进入20世纪90年代中期以来，我国城乡居民肉食品供给不足的问题基本上得到了解决，猪肉产品开始进入供需基本平衡、尚需结构性调整、阶段性供需矛盾并存的全新发展阶段。阶段性供需矛盾会通过市场表现为频繁的周期性猪肉价格波动。

活猪价格每年波动幅度是指每年最高价和最低价偏离平均价的幅度，即最高价和最低价相对于平均价的增减幅度的绝对值之和。从图5-1可以看出，1995—2005年，全国活猪价格每年波动幅度在30%以内。2006—2007年活猪价格大幅波动，平均年度波幅达到50%。2008年以来波幅变化不大，基本上是在35%上下震荡。

这也表明，近年来我国生猪价格波动已呈常态化趋势，这充分体现了正常的市场配置资源的特征，但如果价格波动过大，也会对生猪生产者和城市消费者带来较大负面影响。

猪肉作为我国城市居民最重要的肉食消费品，也是CPI构成中的最重要的商品项目，约占CPI人约4%的权重，即猪肉价格每涨跌25%，可以带动CPI相应涨跌1个百分点。由于近年来我国生猪价格波动较大，对CPI的影响也很显著。由于猪肉价格与CPI的相关性很强，很多分析者亦将CPI戏称为“猪PI”，这充分表明猪肉价格的变化对城乡居民消费的影响很大。

从不同利益主体来看，生猪价格涨跌均会对生猪生产者产生

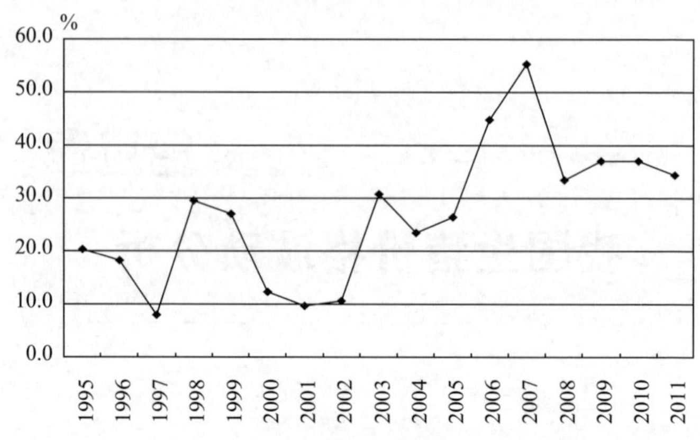

图 5-1　1995—2011 年活猪价格波动幅度

影响，其中跌价影响大于涨价影响较大；而居民作为消费者，对猪肉价格上涨比较敏感，涨价影响明显大于跌价影响，消费者不会因为猪肉跌价而增加对猪肉的消费，但却会因为涨价影响而减少对于猪肉消费，这是作为生活必需消费品所呈现出来的共同特征。

从不同区域来看，猪肉价格上涨对城市居民消费影响大于农村居民的消费影响。近年来，每次猪肉价格上涨，批发市场价格涨幅均高于集贸市场价格涨幅。这其中的主要原因是城市居民作为猪肉的完全消费者，但部分农村居民作为生产者（不完全消费者），生猪价格上涨的获利抵销了由于猪肉价格上涨而产生的部分影响。

第一节　生猪价格周期性波动规律分析

在市场经济条件下，波动性是生猪产业的主要特征，是这种不稳定性以价格和生产的周期运动模式显现出来。价格波动是生猪生产供需不均衡造成的，是生猪市场机制资源配置的结果。正常的生猪价格波动对生产具有一定的积极作用，过度的波动则会产生很大负面的影响。我国在 1985 年生猪市场放开后，生猪价格波动一直伴随着生猪生产的发展。但近年来特别是21世纪以来生猪价格波动大起大落，成为社会关注的热点，对生猪生产和居民正常消费产生较大影响，在一定程度上对宏观经济的平稳健康发展造成了不利影响。研究生猪周期运行规律及生猪生产波动的形成机理，发现波动技术参数，对生产经营者和管理部门都具有重要意义。

根据理论分析和实际经验，一般时间数列数据可分解为季节变动成分、不规则变动成分、循环周期变动成分和长期趋势变动成分，因此利用计量经济学软件包EViews5.0对生猪价格2009年1月至2012年12月的时间序列数据进行分解。首先对生猪的原始价格序列通过X12季节调整方法（加法模型）分别进行季节调整，得到各自季节变动数据、不规则变动数据和循环趋势变动数据。季节调整后的数据剔除了季节变动和不规则变动的影响，剩下趋势循环变动成分，然后使用HP滤波方法再剔除掉趋势变动成分，得到循环周期成分，测定出生猪价格波动周期。

一、价格的原始数据变动分析

2000—2012年，我国生猪价格波动已经生猪价格已经经历了两次较大的波动（图5-1）。两次生猪价格的波峰在2004年9月和2008年4月，生猪价格分别为9.59元/千克和16.87元/千克，分别比每次波谷的价格上涨71.56%和价格上涨177.47%。本章从分析从2009年至今生猪价格进行分析，从图5-2可以看出，自2009年1月份以来，生猪价格总体呈波动性上升的趋势，2009年上半年呈下降趋势，到5月份降至最低价9.24元/千克，比1月份下降了4.17元/千克；然后转为上升，到2010年1月份又开始下降，到4月份又降至谷底，然后又一次转为上升，在2011年9月达到波峰19.68元/千克，比4月份上升了10.15元；从2011年9月以后生猪价格有开始下降，目前价格处在低位运行，价格大约保持14元/千克。

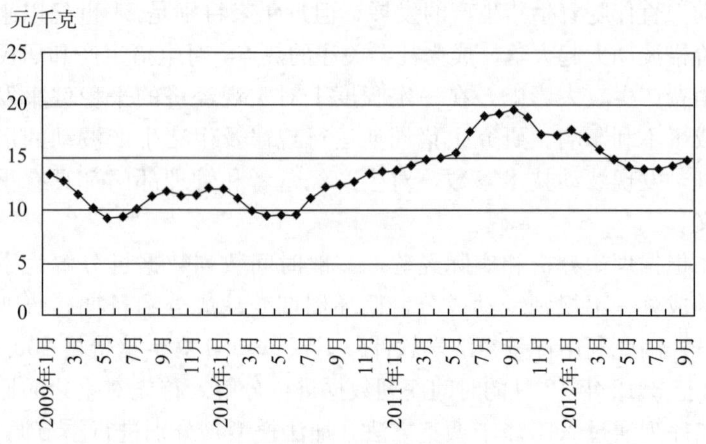

图 5－2　2009 年 1 月至 2012 年 9 月生猪月度价格变动

二、活猪价格的季节性变动分析

猪肉消费具有明显的季节性消费特征，因此生猪价格从理论上应该存在季节性变动。用 EViews5.0 对原始的生猪价格进行季节性分析，得到生猪价格季节变动的数据时间序列（图 5－3 和表 5－1），可以看出，生猪价格具有明显的季节性特征，且波动具有一定的规律性。

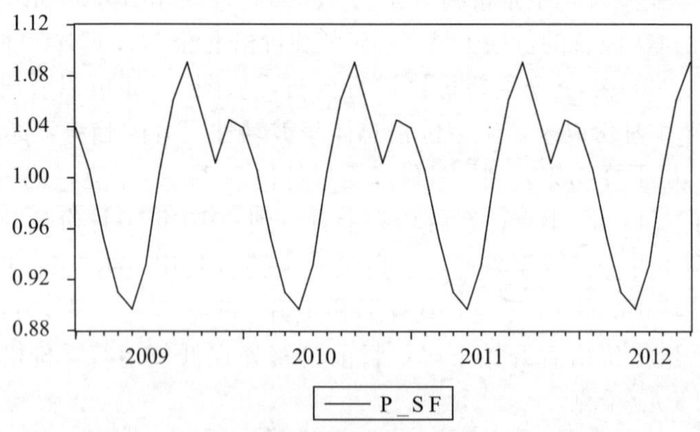

图 5－3　生猪价格季节变动数据时间序列图

表 5-1　生猪价格季节波动统计

单位：元/千克

月份	2009 年	2010 年	2011 年	2012 年	月平均数
1	1.039	1.039	1.039	1.039	1.039
2	1.006	1.006	1.006	1.006	1.006
3	0.952	0.952	0.952	0.952	0.952
4	0.91	0.91	0.91	0.91	0.91
5	0.897	0.897	0.897	0.897	0.897
6	0.931	0.931	0.931	0.931	0.931
7	1.004	1.004	1.004	1.004	1.004
8	1.061	1.061	1.061	1.061	1.061
9	1.091	1.091	1.091	1.091	1.091
10	1.052	1.052	1.052	—	1.052
11	1.012	1.012	1.012	—	1.012
12	1.045	1.045	1.045	—	1.045

结合季节波动的数据判断，总的来说在样本期内，生猪消费旺季为 1、7、8、9、10 月份，价格变动幅度大；消费淡季为 3、4、5、6 月份，价格变动幅度小。猪肉消费的最旺季为每年的 9 月份，猪肉价格通常较高；猪肉消费的最淡季为 5 月份，猪肉价格通常较低。猪肉价格的淡旺季变动基本是由于节假日、气候等原因带来的需求变化或供给变化造成的。

三、活猪价格的周期测定——HP 滤波法

HP 滤波法是测量经济变量波动的重要方法，由 Hodrik 和 Prescoot（1980）分析战后美国经济周期的论文中首次使用，它使用的是一种非线性回归技术，能够灵活运用，拟合效果较好，在

经济与生产波动分析中得到日益广泛应用。其具体含义如前章所述。

1. 长期趋势分解

应用 HP 滤波法，对 2009—2012 年生猪猪肉产量进行长期趋势分解（图 5－4），P 表示生猪价格，Trend 表示生猪价格的 HP 滤波的趋势值，Cycle 表示生猪价格的波动值。从图 5－4 可看出，HP 滤波法对长期趋势的拟合效果较好，剔出趋势值后的波动值围绕零值上下波动。从长期趋势看，我国生猪价格表现为直线增长的态势，从波动分量看，生猪价格表现为周期性特征。

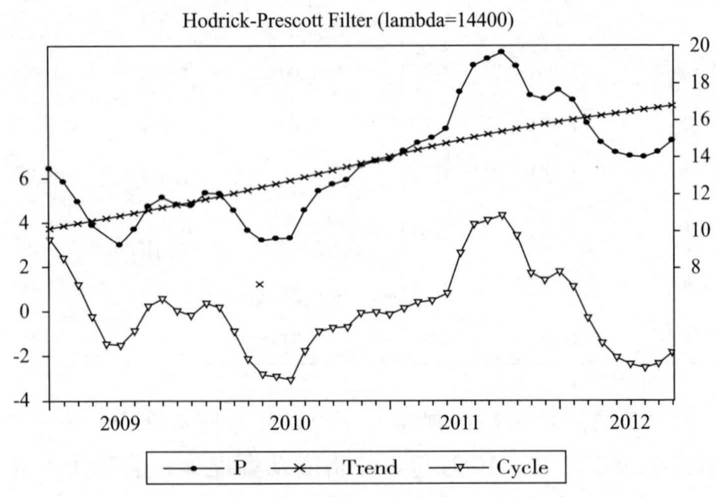

图 5－4　用滤波法测定的生猪价格长期趋势和波动周期

2. 计算变异率

根据 HP 滤波得到的长期趋势值和波动分量，计算的变异率（表 5－2）。从表 5－2 可以看出，2009—2012 生猪价格的变异率在－24％～32％，波动较大的月份 2009 年 1—2 月、2011 年 7—10 月，变异率都在 20％以上，另外还有 2010 年 4—6 月，变异率在－20％ 以下；其余月份的波动相对平缓些，大部分在－10％～10％。

表 5-2 由滤波法估计 2009—2012 年生猪价格和变异

单位：元/千克、%

年份	拟合生猪价格	变异率	年份	拟合生猪价格	变异率
2009 年 1 月	10.18	31.8	2011 年 1 月	−1.16	−0.16
2 月	10.31	23.1	2 月	0.86	0.12
3 月	10.45	11.3	3 月	2.58	0.37
4 月	10.59	−2.23	4 月	3.19	0.46
5 月	10.72	−13.84	5 月	5.23	0.77
6 月	10.86	−14.12	6 月	17.52	2.61
7 月	11	−7.95	7 月	25.8	3.89
8 月	11.15	2.08	8 月	26.83	4.09
9 月	11.29	4.92	9 月	27.88	4.29
10 月	11.44	0.24	10 月	21.9	3.4
11 月	11.59	−1.67	11 月	10.77	1.69
12 月	11.75	2.91	12 月	8.61	1.36
2010 年 1 月	11.91	1.21	2012 年 1 月	10.92	1.74
2 月	12.07	−7.68	2 月	6.69	1.07
3 月	12.23	−17.75	3 月	−1.93	−0.31
4 月	12.4	−23.14	4 月	−8.92	−1.45
5 月	12.57	−23.48	5 月	−12.88	−2.11
6 月	12.75	−24.35	6 月	−14.65	−2.41
7 月	12.93	−13.83	7 月	−15.49	−2.57
8 月	13.11	−7.03	8 月	−14.34	−2.39
9 月	13.3	−5.61	9 月	−11.23	−1.88
10 月	13.48	−5.21			
11 月	13.67	−0.88			
12 月	−0.48	−0.07			

按照“峰→峰”法，2009 年 1 月至 2012 年 9 月生猪价格波动可以划分 2 个完整波动周期和一个未完成的半周期。价格波动周

期长度在11～21个月，波动幅度在－15%～32%；平均周期长度为17.6个月，平均波幅为49.08%，波峰平均29.84%，波幅平均－19.24%。总体来说，生猪价格的波动周期比较短，大约1.5年一个周期，波峰幅度较大，价格波峰约在50%。从目前来看，从2011年10月份生猪价格进入第三个周期的下降期，至2012年9月这个周期还没有结束，2012年9月正处在价格谷底阶段向上升阶段的过渡，估计到2013年7—9月这轮波动周期结束（表5－3）。

表5－3 用滤波法测定的周期波动

周期序号	起止年份	波长（月）	波峰（%）	波谷（%）	波幅（%）
1	2009年1月至2009年12月	12	31.8	－14.12	45.92
2	2010年1月至2011年9月	21	27.88	－24.35	52.23
3	2011年10月至2012年9月	11	21.9	－15.49	37.39
平均	2009年1月至2012年9月	17.6	29.84	－19.24	49.08

注：第3个周期2012年9月还未结束，2012年9月正处在谷底转向上升阶段。

第二节 主要生猪产品价格传导分析

一、生猪价格、仔猪价格和猪肉价格的变动趋势

2009年1月至2012年9月，仔猪价格、生猪价格和猪肉价格的变化趋势基本相同，在2011年3月价格变动比较平稳，之后价格变动幅度变大，价格先上升然后达到顶峰后下降；但仔猪价格变动的幅度比生猪价格和猪肉价格变动的幅度更大一些，可能是仔猪价格在生产环节，由于生产周期的原因，价格反应比较滞后。在45个月中，仔猪价格最高时是2011年9月，为37.15元/千克，最低时是2010年6月，为14.39元/千克，高低价格差为23元/千克左右；生猪价格最高时是2011年9月，为19.68元/千克，最低时是2010年4月 9.53元/千克，高低价格差为10元/千克左右；

猪肉价格最高时是 2011 年 9 月，为 30.35 元/千克，最低时是 2010 年 6 月，为 16.04 元/千克，高低价格差为 10 元/千克左右。总的来说，三种价格中，仔猪的平均价格最高，为 23.12 元/千克；其次是猪肉平均价格，为 21.8 元/千克；生猪价格最低，为 13.16 元/千克；生猪平均价格比仔猪价格低 9.5 元/千克，而比猪肉价格低 8.2 元/千克。另外，还有一个现象值得注意，就是生猪价格与猪肉价格之间的差距随着时间的增长而有不断变大的趋势，2011 年以前，二者的价格差在 7 元/千克左右，到 2011 年以后，价格差扩大到 10 元/千克左右（图 5-5）。

图 5-5　生猪价格、仔猪价格和猪肉价格变动趋势

二、生猪产品价格传导实证分析

生猪生产是一个复杂的生物再生产与经济再生产的过程，生猪经过屠宰加工、流通，进入市场销售，然后到达消费终端，形成一个完整的产业链，相应的仔猪价格、生猪价格和猪肉价格之间存在着密切的关系。下面用 EViews5.0 对生猪价格、仔猪价格和猪肉价格进行实证分析，首先分析三者之间的相关性，然后检验三个时间变量的序列平稳性，然后进行回归分析，确定三者之间的相互关系及相互影响。

（一）相关性分析

由2009年1月至2012年9月的生猪价格、仔猪价格和猪肉价格之间的相关性分析结果（表5-4）可以看出，三者确实存在着高度的正相关性，相关系数达到了0.9以上。相对来说，生猪价格与猪肉价格的相关系数最高，其次是仔猪价格与猪肉价格相关系数，生猪价格与仔猪价格的相关系数较低。从生猪生产流通过程可以解释它们的相关关系。能繁母猪是生猪生产的基础，在目前技术水平下，生猪生产生长周期从二元母猪补栏到其生产的仔猪育肥出栏大约需要13个月的时间。仔猪价格的变动直接影响生猪生产成本，在生猪出栏时，可能会影响到生猪猪价格的变动；相反生猪价格对仔猪价格也会产生一定的影响，一般来说当生猪价格较高，养殖效益好时，仔猪需求旺盛，仔猪价格也会随之提高。生猪经过屠宰加工后，由各种经销商批发商或零售商经过不同的流通渠道，最终销售到市场上，生猪价格的变动会影响猪肉价格的形成，活猪价格是猪肉价格的基础。

表5-4　生猪价格、仔猪价格和猪肉价格之间的相关性检验结果

相关系数	*PH*	*PL*	*PP*
PH	1	0.913 1	0.995 3
PL	0.913 1	1	0.930 6
PP	0.995 3	0.930 6	1

（二）稳定性检验

如果一个平稳序列的数字特征，即均值、方差和协方差等是不随着时间的变化而变化的，时间序列在各个点上的随机性服从一定的概率分布，则可以通过时间序列过去时间点上的信息，建立模型拟合过去信息，进而预测未来的信息。如果序列是非平稳的，其均值、方差及协方差是随着时间的变化而变化的，就很难利用已知的信息建立模型去预测未来的信息。因此，要分析生猪价格、仔猪价格和猪肉价格之间的关系，需要首先检验三个变量序列的稳定性。在进行稳定性检验时，首先对三个变量取对数，然后采用 ADF 统计量对相应对数的序列数据进行稳定性检验，得检验结果如表 5－5 所示。

表 5－5　变量的单位根检验结果

变量	ADF 统计量	P 值	(c，t，k)	5%临界值	结论
ln*PL*	−1.955 05	0.304 9	(c，0，0)	−2.931 4	不平稳
ln*PL*	−1.371 07	0.587 5	(c，0，0)	−2.931 4	不平稳
ln*PP*	−1.918 97	0.320 8	(0，0，0)	−2.931 4	不平稳
dln*PH*	−4.338 57	0.001 3	(0，0，1)	−2.933 2	平稳
dln*PL*	−4.031 96	0.003 1	(0，0，1)	−2.933 2	平稳
dln*PP*	−4.279 29	0.001 5	(0，0，1)	−2.933 2	平稳

注：ln*PH*，ln*PL*，ln*PP* 分别是生猪价格、仔猪价格和猪肉价格的自然对数序列。c 为常数项，t 为趋势项，k 为滞后阶数（以 SC 值最小为准则确定滞后阶数）。d 表示变量的一阶差分。

检验结果表明，在 5%的显著性水平条件下，由于各价格对数序列的 ADF 统计量值都大于临界值，不能拒绝单位根假设，ln*PH*，ln*PL*，ln*PP* 序列都是非平稳时间序列；但是三个序列经过一阶差分后，各自的一阶差分序列的 ADF 统计量值都小于临界值，可以拒绝单位根假设，表示序列是平稳的。因此，生猪价格、仔猪价格和猪肉价格的对数时间序列数据都是一阶单整 I（1）序列。

（三）回归分析

为了得到仔猪价格、猪肉价格对生猪价格的影响，把经过一阶差分后的三个平稳序列进行回归，其中的一阶差分生猪价格对数作为自变量，一阶差分仔猪价格对数和猪肉价格对数作为因变量。考虑到生猪的生产周期，由于仔猪在经过 4 个月育肥后才能出栏，假设仔猪价格变动 4 个月后会引起生猪价格的变动，因此仔猪变量选择滞后 1 期、2 期、3 期和 4 期，进行回归，结果发现，滞后 0 期和滞后 1 期的统计效果显著，滞后 2 到 4 期的统计效果非常不显著，经过筛选，最后得到的回归方程如下（分析结果详见表 5－6）。

$$d\ln(PH) = 1.1125 d\ln(PP) + 0.1433 d\ln(PL) - 0.1981 d\ln[PL(-1)]$$

表 5－6　方程的回归估计结果

变量	估计系数	T 统计量	P 值
dln（*PP*）	1.112 45	16.898 9	0
dln（*PL*）	0.143 35	2.497 3	0.016 7
dln［*PL*（－1）］	－0.198 09	－5.184 2	0
R-squared	0.957 05		
Adjusted R-squared	0.954 903		

从估计结果看，猪肉价格、仔猪价格和滞后 1 期的仔猪价格对数的估计系数的统计值均在 5%以上的水平显著，且 R^2 和调整后 R^2 值在 0.95 以上，说明方程的模拟效果较好。模型含义为，当猪肉价格环比上涨 1%时，当期生猪价格将环比上涨 1.11%；当仔猪价格环比上涨 1%时，当期的生猪价格将环比上涨 0.14%，而会引起一个月以后的生猪价格下降 0.198%。可见，猪肉价格对生猪价格的影响较大，而仔猪价格对生猪价格的影响较小。在生猪产品市场上，猪肉对市场供需的反应比较快，猪肉供不应求，将迅速引起猪肉价格的上升，猪肉价格上升通过上溯产业链，反映在生猪生产领域，从而引起生猪价格的上升。一般来说，仔猪价格变动对生猪价格有正的影响，但由于要经过生产周期中多种因素作用，其影响程度会削弱些。关于滞后 1 期的仔猪价格的变动对生猪价格的影响为负，可能与生产者的心理预期有关，当期仔猪价格上升，生产者预期当期生猪价格会上升，从而大批集中提前出栏，而造成市场上生猪的暂时性供给充足，造成生猪价格的阶段性下降，但从较长期趋势看，仔猪价格上涨必然会引起生猪价格的上涨。

第三节　生猪价格波动影响因素分析

从不同分析周期角度看，我国生猪价格波动可分为长期波动和短期波动。但无论长期波动还是短期波动，在市场经济下，价格始终是供需关系的反映，因此，生猪产品供需变化是价格波动的主要原因。除此之外，还有成本因素和突发事件等其他因素影响，这些因素的影响在长期波动和短期波动中又有所不同。

一、生猪价格长期波动影响因素分析

从年度价格看，1995—2011 年活猪价格走势呈现先降后升的态势，以 2001 年前后为分界点，2001 年以来总体呈上行态势，且上行势头仍将延续（图 5－6）。

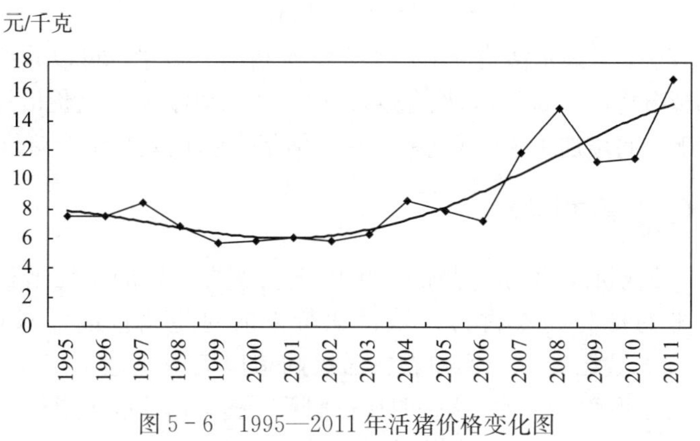

图 5－6 1995—2011 年活猪价格变化图

从长期看，生猪价格波动的主要原因分为三类：供给变化因素、需求变化因素、成本变化因素。

（一）供给因素

我国猪肉以国内生产为主，进口量比重较低，因此，供给因素主要表现为生猪出栏的多少。2011 年进口猪肉和生猪产品共 130 万吨，约占国内猪肉产量的 2.6%。为进一步分析供给因素对生猪价格的影响，本研究拟选择 1995—2001 年全国生猪出栏和活猪价格开展分析。

首先将两个时间序列指数化，避免由于数据不同单位的影响，之后对两个序列分别进行ADF平稳性检验，回归结果如表5-7。

表5-7

Variable	Coefficient	Std. Error	t-Statistic	Prob.
C	384.239 8	124.122 5	3.095 649	0.007 9
SZCL	−2.668 958	1.196 321	−2.230 972	0.042 6

P为0.042 6，表明在5%的置信水平下，生猪出栏对活猪价格影响显著。在此基础上，构建方程如下：

$$Y=-2.668\,9X+384.24$$
$$(R^2=0.465)$$

其中，Y表示活猪价格，X表示生猪出栏数量。可以看出，方程的拟合优度为0.465，拟合效果较好。生猪出栏对活猪价格具有负向影响，每增加1个单位生猪出栏，活猪价格下降2.67个单位。

（二）需求因素

从长期看，生猪产品的需求因素表现为人口的刚性增长、收入水平的提高和农村人口城镇化带来的对生猪产品需求增加。2011年，我国城乡居民和农村居民的猪肉消费比是1.43∶1，人均收入比为3.13∶1，这表明从长期看，随着居民收入水平的上升以及人口的增加，猪肉消费也将呈增长势头。

为了分析需求因素变化对活猪价格的影响程度，本研究选择全国人口、农村居民人均纯收入和国内生产总值（GDP）三个指标，分别与活猪价格建立回归模型。

对于活猪价格和全国人口的关系，拟采用弹性分析的双对数模型，分析活猪价格对人口增长的反应程度。模拟结果如表5-8。

表5-8

Variable	Coefficient	Std. Error	t-Statistic	Prob.
C	−76.079 43	23.795 98	−3.197 155	0.006 0
ln$X$	6.646 606	2.022 549	3.286 252	0.005 0

可以看出，P＝0.005 0，X 对 Y 具备显著解释能力。于是构建方程如下：

$$\ln Y = 6.6466\ln X - 76.0794$$
$$(R^2 = 0.419)$$

其中，Y 表示活猪价格，X 表示生猪出栏数量。人口每变动1%，活猪价格将变动 6.65%，按近 5 年平均人口增长率 0.5%计算，将导致每年活猪价格上涨 3.3%。

对于活猪价格和农村居民人均纯收入、GDP 的分析，拟采取上文相同的数据指数化处理方式，ADF 平稳性检验后，作为自变量 X 分别对活猪价格 Y 进行回归，结果如表 5-9。

表 5-9

Variable	Coefficient	Std. Error	t-Statistic	Prob.
GDP	3.774 547	0.898 346	4.201 665	0.000 9
NCRJSR	3.901 175	2.132 325	1.829 54	0.088 7

可知，两个变量的 P 值分别是 0.000 9 和 0.088 7，对活猪价格具有显著解释能力，均具有正向影响。农村居民人均纯收入和 GDP 每增加 1 个单位，活猪价格将分别上涨 3.90 和 3.77 个单位。

（三）成本因素

从近年情况看，养殖成本上涨构成生猪价格上涨的支撑性因素，主要体现在每个波动周期，猪价都会站上一个新台阶，屡创新高。在生猪供应充足的阶段，成本上涨对猪价影响不明显，生产环节市场谈判力量较弱，被迫消化大部分成本上涨压力，引发生产结构的调整。但在生猪供应偏紧阶段往往表现为价格加倍上涨，放大了波动幅度。如 2011 年 12 月活猪价格为 17.15 元/千克，为本轮波动周期价格高峰后的第一个波谷，标志着供需出现阶段性平衡，较上一周期的第一个波谷价格上涨 44.1%，同期玉米价格上涨 41.6%，呈现明显的同步性。除了玉米、豆粕等饲料原料涨价导致养殖成本提高外，随着规模养殖的发展和标准化生产程度的提高，设施设备投入不断增加，成本上涨将是大势所趋。

目前，生猪养殖成本结构中，饲料成本约占60%。由于其他成本数据无法获得，本研究选择育肥猪配合饲料价格作为变量，分析饲料成本变化对猪价的长期影响。同样，两个序列经过ADF平稳性检验后进行回归，结果如表5-10。

表5-10

Variable	Coefficient	Std. Error	t-Statistic	Prob.
C	−76.125 19	55.957 23	−1.360 417	0.195 2
X	1.772 170	0.537 826	3.295 060	0.005 3

可知，P=0.005 3，变量显著相关。可构建以下方程：

$$Y=1.7721X-76.13$$

$$(R^2=0.437)$$

方程拟合优度较好。其中Y为活猪价格，X为配合饲料价格。可知，配合饲料价格对活猪价格有正向影响。从长期看，饲料价格每上涨1个单位，活猪价格将上涨1.77个单位。

二、生猪价格短期波动影响因素分析

近年来，生猪价格短期波动的原因，首先是由于周期性生产供应与季节性需求之间的不平衡、不同步造成的；其次，成本因素也是重要因素。虽然供需关系变化仍然是生猪价格短期波动根本原因，但是具体表现形式却有着明显区别。①生产方面无论是长期还是短期，都是呈现波动态势；②生猪产品的长期需求呈刚性增加态势，而短期需求则呈现明显的季节性波动；③短期供需平衡难度明显大于长期。

（一）供给因素分析

从供给角度看，造成生产周期性波动的原因，主要有以下几个方面：

1. 生猪生产固有的生物周期，造成生产调整周期较长，很难与季节性变化的猪肉需求保持同步

目前，我国主流生长品种生产周期大约需要 18 个月，包括约 8 个月的能繁母猪育成期、约 4 个月的母猪配种怀孕期、6 个月商品肥猪育成期。从图 5－7 可以看出，2009 年至 2011 年 3 月，全国能繁母猪的产能调整经历了从高峰过剩到相对紧缺的过程，周期约为 28 个月，远远大于 18 个月的理论生产周期（图 5－7）。

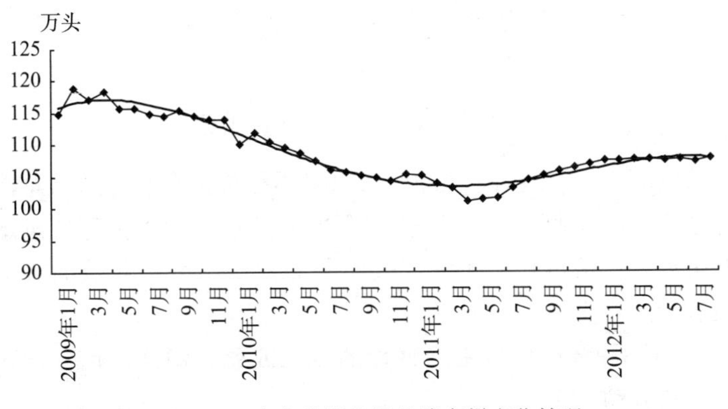

图 5－7　定点监测能繁母猪存栏变化情况

2. 养殖户的自由进入和退出，造成了生产供应量的变化

按养殖户行为选择的特征，可以分为两个不同的阶段。2006 年以前，散养户有进有出，全国养猪场户数量保持总体稳定。与专业化规模养殖的合理生产调整不同，将养猪作为家庭副业的散养户很容易出现阶段性弃养空栏，养猪效益低时宰杀母猪退出养猪业，效益高时往往又集中补栏，导致生猪产业整体产能波动较大。2007 年以来，由于无法实现规模效益，加之务工收入明显提高，养猪整体比较效益下降，散养户只退不进，且退出速度明显加快。平均每年退出 650 万户散养户，按每户年出栏 5.5 头计算，相当于每年减少 3 750 万头出栏量。这个阶段生产波动的特征表现为规模养殖的发展速度跟不上散养户退出的速度，容易造成消费高峰期的阶段性供应偏紧（图 5－8）。

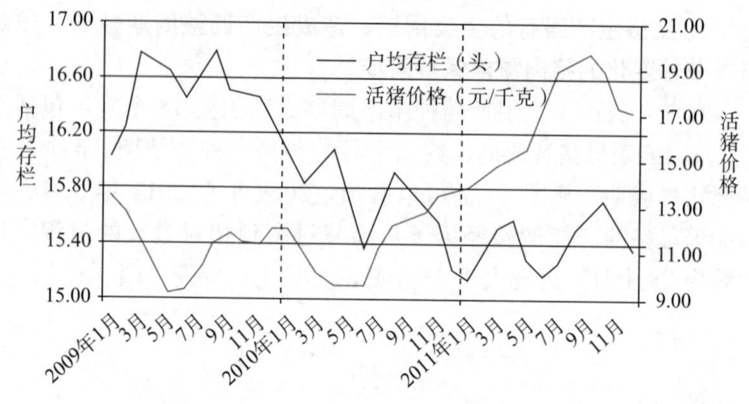

图 5-8　散养户生产与价格波动

从图 5-8 可以看出，2009 年以来活猪价格有涨有跌，总体呈上行态势，而同期，存栏 50 头以下的养殖户户均生猪存栏量却成下降态势，养殖量持续萎缩，表明散养户退出生猪养殖的势头并未因涨价而停止。

3. 疫病和管理导致生产性能的变化或死亡淘汰，也会导致生猪产能的波动

一方面是生猪品种的变化引发繁殖性能的下降，主要是国内相对较低标准化饲养管理水平无法满足国外引进的高性能瘦肉型品种的要求，造成疫病增多，生猪整体生产性能出现不同程度的下降，特别是母猪繁殖性能。另一方面是不同季节母猪繁殖性能变化，呈现冬春低、夏秋高的特点，导致相应产能的变化。主要原因是近年来冬春季节气温偏低，部分养殖场户保温设施和措施不到位，导致仔猪流行性腹泻大范围暴发流行，造成了阶段性仔猪短缺，给年中的市场供应造成一定影响（图 5-9）。

从图 5-9 中可以看出，2010 年 10—12 月连续 3 个月仔猪存栏大幅下降，按照商品肥猪的 6 个左右的繁育周期，导致了 2011 年 4—6 月商品肥猪上市量明显减少，在传统消费淡季的情况下，仍然造成了活猪价格的快速攀升。

以上几个方面的原因，共同造成了生猪生产呈现频繁波动。

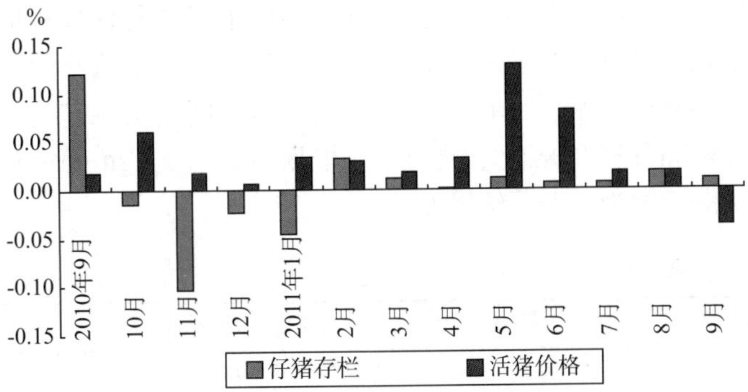

图 5-9　2010 年 9 月至 2011 年 9 月仔猪存栏和活猪价格变化情况

为进一步分析生产波动对价格的影响程度，拟选择生猪存栏、能繁母猪存栏、生猪出栏 3 个主要生产指标，进行影响实证分析。

数据预处理与前文类似，将生猪存栏（X_1）、能繁母猪存栏（X_2）、生猪出栏（X_3）、活猪价格（Y）4 个序列指数化，然后进行 ADF 平稳性检验，结果显示均为平稳序列，可进行线性回归。

将 3 个变量 X_1、X_2、X_3 分别与活猪价格进行单独回归，根据 Schwarz Criterion 值确定 3 个变量的最优滞后分别为－6 期、－3期和－3 期，这与实际生产规律比较吻合。

（1）通常生猪存栏的增加意味着总体产能的增加，主要是由于新出生的仔猪增加所致，从仔猪出生到出栏的周期大约为 6 个月。

（2）滞后 3 期的生猪出栏量对活猪价格解释力最为显著，是由于国内养殖场户“择机出栏”的心理比较常见，从商品肥猪到达 6 个月的出栏月龄后，并不会立即选择出栏，而是根据市场行情再作决定，出栏周期跨度为 1～3 个月，最长的出栏商品肥猪月龄会达到 10 月龄。因此，当期的生猪出栏量往往并不会导致价格的明显变化，而是影响到未来若干期的市场信心，进而影响活猪价格的变化。

（3）能繁母猪存栏量与活猪价格之间发生关系，主要是通过仔猪价格来影响。从前文分析可知，活猪价格和仔猪价格之间同步性非常强，高度相关。而能繁母猪存栏量意味着仔猪供应能力的大小，会对仔猪价格产生影响。因此确定能繁母猪存栏量与仔猪价格的滞后影响，即可判断与活猪价格之间的关系。先将能繁母猪存栏和仔猪价格做单独回归，根据 Schwarz Criterion 值，确定最优滞后期为 3 期。结果如下：

表 5－11

Variable	Coefficient	Std. Error	t-Statistic	Prob.
C	95.827 97	2.212 851	43.305 22	0.000 0
ZZJG（－3）	0.038 909	0.021 793	1.785 363	0.082 2

由此可以判断，能繁母猪存栏对活猪价格存在 3 期滞后影响是基本符合实际生产规律的，可以进一步采用。

在分别确定变量生猪存栏（ZCL）、能繁母猪存栏（NFMZCL）和生猪出栏（SZCL）的最优滞后期后，共同构建活猪价格对生产的反应模型：

$$HZJG = C + ZCL_{-6} + NFMZCL_{-3} + SZCL_{-3}$$

回归结果如下：

表 5－12

Variable	Coefficient	Std. Error	t-Statistic	Prob.
C	440.701 9	82.971 51	5.311 485	0.000 0
ZCL（－6）	－1.352 768	0.564 848	－2.394 923	0.022 5
NFMZCL（－3）	－1.755 958	0.711 612	－2.467 579	0.019 0
SZCL（－3）	－0.293 073	0.114 478	－2.560 073	0.015 2

可知，P 值在 5％的置信水平下均有显著解释能力。模型方程如下：

$$HZJG = 440.70 - 1.3528ZCL_{-6} - 1.7600NFMZCL_{-3} - 0.2931SZCL_{-3}$$

$$(R^2 = 0.441)$$

模型估计的拟合优度较好。可知，滞后 6 期的生猪存栏量、滞后 3 期的能繁母猪存栏和滞后 3 期的生猪出栏，对活猪价格产生显著的负向影响：滞后 6 期的生猪存栏量每增加 1 个单位，可影响活猪价格下降 1.35 个单位；滞后 3 期的能繁母猪存栏每增加 1 个单位，可影响活猪价格下降 1.76 个单位；滞后 3 期的生猪出栏每增加 1 个单位，可影响活猪价格下降 0.29 个单位。

（二）需求因素分析

从需求角度看，影响因素主要有两个方面：

1. 我国传统猪肉消费习惯导致需求呈明显的季节性波动

从前文分析的活猪价格季节性波动中反映出来，大多数正常年份，活猪价格均会表现出中秋、春节的“双峰”走势。主要是因为，猪肉作为我国城乡居民的主要肉食品种，每逢端午、中秋、春节等重大传统节日，猪肉消费需求均会出现明显增加。同时，我国猪肉消费以鲜肉鲜食为主，甚至制作腌肉腊肉也大部分采用鲜肉，使得利用储存冻肉调节季节性供求矛盾的效果不大。这一点与其他国家差别较大。据对 2005—2012 年美国的猪肉产量与猪肉价格的分析①，二者之间呈显著的负相关关系，相关系数为 −0.39，表明美国的猪肉需求相对平稳，季节性变化不明显，价格变化主要受产量因素影响。但我国 2009—2012 年各月生猪出栏和活猪价格的月度变化率却显示，二者呈正相关关系，相关系数为 0.29。② 这表明，我国生猪出栏高峰往往也是价格的高峰，同时也是需求的高峰，且需求集中增加较多，高于供应的增加量，这也是短期内我国生猪生产很难与需求保持同步、价格呈现季节性波动的重要原因。

2. 宏观经济环境变化也会对猪肉消费需求产生影响

宏观经济形势对短期内的猪肉消费的影响，主要与农民工外

---

① 数据来源：USDA。

② 数据来源：农业部畜牧业司定点监测数据。

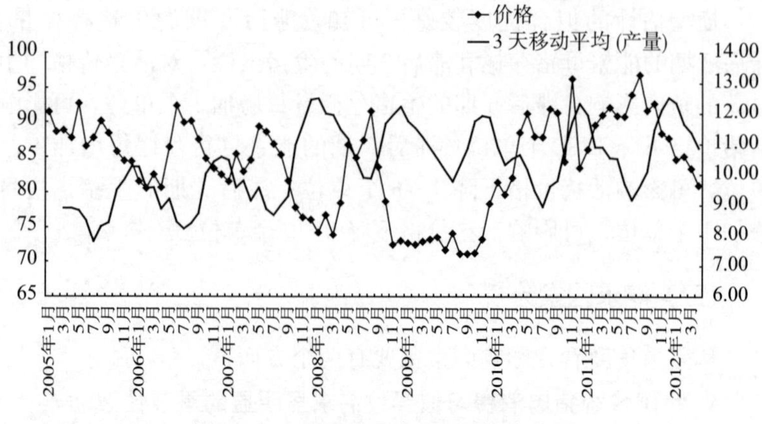

图 5-10　美国猪肉产量和价格走势图

出就业情况、劳动密集型企业的开工情况等有关，一方面是影响猪肉的户外消费量，而户外消费一直是近年来我国猪肉增长的主体，家庭消费增长乏力。2010 年，我国城乡居民家庭猪肉消费量为 2 354 万吨，比 2005 年增长 2.5%，年均递增率仅为 0.5%，而同期猪肉产量年递增率达到 2.2%。另一方面，务工收入和企业开工情况直接影响城乡居民的家庭收入，进而影响到购买力，以及消费预期和信心。

为了反映宏观环境对猪肉需求的影响，本研究选择活猪价格和居民消费信心指数作一对比分析。

首先将活猪价格指数化处理，与居民消费者信息指数保持一致。ADF 平稳性检验后进行回归分析，结果如下：

表 5-13

Variable	Coefficient	Std. Error	t-Statistic	Prob.
X	0.867 214	0.368 680	2.352 214	0.025 0
C	11.012 78	38.263 90	0.287 811	0.075 3

可知，回归结果中 P 值为 0.0250，变量具有较为显著的解释能力。可构建方程如下：

$$Y=0.9732X+11.01$$
$$(R^2=0.447)$$

其中，Y 表示活猪价格；X 表示居民消费信心。方程拟合优度较好。居民消费信心对活猪价格有正向影响，消费信息每增加 1 个单位，活猪价格将上涨 0.97 个单位。

(三) 成本因素分析

近年来，生猪养殖成本变化较快，不仅玉米、豆粕等饲料原料价格明显上涨，雇工费、管理费、治污费等其他费用也节节攀升。2012 年 8 月，全国玉米和豆粕平均价格分别为 2.55 元/千克和 4.20 元/千克，同比分别增长 6.7%和 16.7%；平均每头猪饲养成本为 1 652 元，其中饲料费用、仔猪费用、防疫费用、其他费用同比分别增长 1.2%、7.0%、7.1%和 57.8%。这表明，成本因素不仅与活猪价格长期波动有关，短期内变化也很大，同样会影响活猪价格短期变化情况。

表 5－14　2012 年 8 月份每头生猪出栏成本情况

单位：元、%

项目	每头仔猪费用	每头饲料费用	每头防疫治疗费	每头其他费用
数量	487.58	955.17	34.26	175.82
同比增长	7.0	1.2	7.1	57.8

为进一步分析成本因素对活猪价格的影响，将 2009 年 2 月至 2012 年 8 月的玉米价格（YMJG）、豆粕价格（DPJG）、饲料价格（SLJG）、仔猪费用（ZZFY）、饲料费用（SLFY）、防疫费用（FYFY）和其他费用（QTFY）数据序列经过预处理和 ADF 平稳性检验后，作为变量分别对活猪价格进行回归分析。结果显示，除了饲料价格（SLJG）外，其他各个变量均不显著。经过筛选后，将饲料价格（SLJG）作为解释变量建立回归方程，结果如下：

表 5-15

Variable	Coefficient	Std. Error	t-Statistic	Prob.
C	−187.341 2	121.412 3	−1.543 017	0.130 5
SLJG	2.861 852	1.206 843	2.371 354	0.022 5

可知，P 值在 5%的置信水平下显著。建立方程如下：

$$HZJG=2.861\,9SLJG-187.34$$

$$(R^2=0.720)$$

拟合优度较好。活猪价格对饲料价格变化反应灵敏，饲料价格每增加 1 个单位，活猪价格则增加 2.86 个单位。

三、小结

（1）近年来我国生猪价格波动已呈常态化，波动幅度有所下降，但波动频率仍然偏大。

（2）我国生猪价格波动具有显著的季节性，且具有一定的规律性。

（3）用滤波法测定显示，生猪价格的波动周期比较短，大约 1.5 年一个周期，波峰幅度较大，价格波峰约在 50%。

（4）猪肉价格和仔猪价格对活猪价格具有影响和传导作用，当猪肉价格环比上涨 1%时，当期生猪价格将环比上涨 1.11%；当仔猪价格环比上涨 1%时，当期的生猪价格将环比上涨 0.14%，而会引起一个月以后的生猪价格下降 0.198%。

（5）在生猪价格长期波动的影响因素中，供给因素主要表现为生猪出栏或猪肉产量的变化；需求因素主要表现为人口增长、城镇化发展和居民收入水平的提高对猪肉需求的刚性增长；成本因素体现为对生猪价格长期上涨的支撑性因素。

（6）在生猪价格短期波动影响因素中，供给因素主要变现为生产波动，实证模型估计结果显示：滞后 6 期的生猪存栏量、滞后 3 期的能繁母猪存栏和滞后 3 期的生猪出栏，对活猪价格产生显著的负向影响。滞后 6 期的生猪存栏量每增加 1 个单位，可影响活猪价格下降 1.35 个单位；滞后 3 期的能繁母猪存栏每增加 1 个单位，可影响活猪价格下降 1.76 个单位；滞后 3 期的生猪出栏每增加 1 个单位，可影响活猪价格下降 0.29 个单位。

（7）生猪价格短期波动的需求因素主要表现为我国猪肉需求的明显季节性变化，以及不同时期宏观经济环境变化对猪肉需求的影响。

（8）生猪价格短期波动成本因素表现为饲料价格的变化，对活猪价格变化具有较为显著的影响。

第六章

我国生猪产品进出口贸易分析

我国是世界上养猪最多的国家，也是世界上猪肉消费量最大的国家。加入世界贸易组织以来，我国的养猪业开始面对全球经济一体化以及来自世界市场的更加激烈的竞争，加之我国国内猪肉价格频繁波动，从而导致养猪业不断起伏。在这种大背景下，我国的养猪生产以及生猪与猪肉贸易的情景将如何呢？为此，我们将对我国生猪与猪肉进出口贸易进行分析，对影响我国生猪与猪肉贸易的因素开展研究，并提出有益于稳定国内猪肉市场的与贸易相关的政策建议。

第一节　世界生猪生产现状分析

近 20 多年来，世界养猪业有了很大的发展。据世界粮农组织(FAO) 统计数据库的数据，1990 年全世界猪肉总产量为 6 944.11 万吨，中国猪肉产量为 2 257.39 万吨，中国猪肉产量占到全世界的 32.51%；2000 年全世界猪肉总产量为 8 591.57 万吨，中国猪肉产量为 3 586.29 万吨，中国猪肉产量占到全世界的 41.74%；到 2011 年，全世界猪肉总产量达到了 11 027.02 万吨，中国猪肉产量为 5 067.26 万吨，中国的猪肉产量占到全世界的 45.95%。这说明中国猪肉产量的增长幅度高于全世界猪肉产量的平均增长幅度。

2011 年全世界猪肉产量高于 50 万吨的国家有 23 个，其 20 多年来的猪肉产量变化情况详见表 6－1。

表 6－1　世界主要猪肉生产国的猪肉产量变化情况

单位：吨

国别	1990	1995	2000	2005	2010	2011
中国	22 573 920	29 753 728	35 862 924	40 920 852	48 739 320	50 672 636
美国	6 897 000	7 955 180	8 386 510	8 952 000	9 685 000	8 869 000
德国	4 489 800	3 429 600	3 880 900	4 213 000	4 573 981	4 660 656
西班牙	1 713 570	2 093 709	2 901 495	3 211 618	3 500 146	3 562 823
巴西	1 049 975	1 800 608	2 599 972	3 532 766	3 195 920	3 369 145
加拿大	1 192 038	1 417 080	2 002 230	2 625 933	2 447 400	2 481 160
俄罗斯	—	1 862 606	1 568 141	1 512 503	2 270 913	2 373 846
荷兰	2 025 000	2 028 190	1 831 950	1 703 360	2 231 981	2 149 558
法国	1 817 000	2 139 000	2 305 000	2 257 000	2 304 000	2 090 258
丹麦	1 208 400	1 517 300	1 680 000	1 912 000	1 825 000	1 825 000
波兰	1 841 000	1 965 000	1 923 000	1 948 625	1 739 945	1 713 013
菲律宾	711 224	970 215	1 213 116	1 415 744	1 629 336	1 649 696
意大利	1 211 000	1 275 900	1 397 000	1 487 000	1 592 415	1 460 000
日本	1 555 635	1 299 653	1 255 765	1 245 554	1 292 415	1 267 246
墨西哥	754 669	921 430	1 024 245	1 089 167	1 173 678	1 201 629
比利时	—	—	1 050 187	991 910	1 076 196	1 076 196
泰国	337 443	488 884	693 846	908 871	931 053	1 046 219
韩国	549 742	798 710	915 779	899 483	1 110 178	836 038
英国	951 100	1 016 000	900 000	676 000	710 000	759 000
印度尼西亚	553 238	581 371	431 048	565 411	713 573	743 400
乌克兰	—	806 352	676 122	482 119	625 457	694 396
缅甸	55 000	115 650	122 902	327 871	584 955	618 991
智利	123 154	172 523	261 682	410 863	498 316	527 905
世界总产量	69 441 147	76 875 898	85 915 726	94 337 635	107 417 420	110 270 165

数据来源：FAO 统计数据库。

中国一直是世界上最大的猪肉生产大国，自2000年以来，中国猪肉产量一直占世界总产量的40%以上，而且这一比重逐年递增。2011年中国猪肉产量达5 067.26万吨，占世界总产量的45.95%。除中国之外，2011年猪肉总产量超过50万吨的国家还有22个，它们依次是美国（886.90万吨）、德国（466.07万吨）、西班牙（356.28万吨）、巴西（336.91万吨）、加拿大（248.12万吨）、俄罗斯（237.38万吨）、荷兰（214.96万吨）、法国（209.03万吨）、丹麦（182.50万吨）、波兰（171.30万吨）、菲律宾（164.97万吨）、意大利（146.00万吨）、日本（126.72万吨）、墨西哥（120.16万吨）、比利时（107.62万吨）、泰国（104.62万吨）、韩国（83.60万吨）、英国（75.90万吨）、印度尼西亚（74.34万吨）、乌克兰（69.44万吨）、缅甸（61.90万吨）和智利（52.79万吨）。

世界主要猪肉生产国的产量占世界总产量的比重情况详见表6-2。

表6-2　2011世界主要生猪生产国的猪肉产量占世界总产量的比重情况

单位：吨、%

序号	国别	猪肉产量	猪肉产量占世界总产的比重
1	中国	50 672 636	45.95
2	美国	8 869 000	8.04
3	德国	4 660 656	4.23
4	西班牙	3 562 823	3.23
5	巴西	3 369 145	3.06
6	加拿大	2 481 160	2.25
7	俄罗斯	2 373 846	2.15
8	荷兰	2 149 558	1.95
9	法国	2 090 258	1.90
10	丹麦	1 825 000	1.66

（续）

序号	国别	猪肉产量	猪肉产量占世界总产的比重
11	波兰	1 713 013	1.55
12	菲律宾	1 649 696	1.50
13	意大利	1 460 000	1.32
14	日本	1 267 246	1.15
15	墨西哥	1 201 629	1.09
16	比利时	1 076 196	0.98
17	泰国	1 046 219	0.95
18	韩国	836 038	0.76
19	英国	759 000	0.69
20	印度尼西亚	743 400	0.67
21	乌克兰	694 396	0.63
22	缅甸	618 991	0.56
23	智利	527 905	0.48

数据来源：FAO 统计数据库。

在世界猪肉生产大国中，过去 20 多年间，缅甸、智利、巴西、泰国、菲律宾、中国、加拿大、西班牙和墨西哥 9 国猪肉产量的增长幅度超过了世界平均增长幅度 58.80%，其中缅甸、智利、巴西、泰国增长幅度超过 200%；韩国、丹麦、印度尼西亚、美国、俄罗斯、意大利、法国、荷兰、德国和比利时 10 国猪肉产量的增长幅度低于世界平均增长幅度 58.80%，其中比利时、德国、荷兰增长幅度小于 10%；另外，还有波兰、乌克兰、日本和英国 4 国呈现出负增长的趋势，并以英国和日本猪肉产量缩减的幅度最大。世界主要猪肉生产国 2011 年比 1990 年猪肉产量增长幅度详见表 6－3。

表 6-3 世界主要猪肉生产国 2011 年比 1990 年猪肉产量增长幅度

单位：吨、%

序号	国别	1990	2011	2011 比 1990 增长百分比
1	缅甸	55 000	618 991	1 025.44
2	智利	123 154	527 905	328.65
3	巴西	1 049 975	3 369 145	220.88
4	泰国	337 443	1 046 219	210.04
5	菲律宾	711 224	1 649 696	131.95
6	中国	22 573 920	50 672 636	124.47
7	加拿大	1 192 038	2 481 160	108.14
8	西班牙	1 713 570	3 562 823	107.92
9	墨西哥	754 669	1 201 629	59.23
10	韩国	549 742	836 038	52.08
11	丹麦	1 208 400	1 825 000	51.03
12	印度尼西亚	553 238	743 400	34.37
13	美国	6 897 000	8 869 000	28.59
14	俄罗斯	1 862 606	2 373 846	27.45
15	意大利	1 211 000	1 460 000	20.56
16	法国	1 817 000	2 090 258	15.04
17	荷兰	2 025 000	2 149 558	6.15
18	德国	4 489 800	4 660 656	3.81
19	比利时	1 050 187	1 076 196	2.48
20	波兰	1 841 000	1 713 013	−6.95
21	乌克兰	806 352	694 396	−13.88
22	日本	1 555 635	1 267 246	−18.54
23	英国	951 100	759 000	−20.20
	世界总产量	69 441 147	110 270 165	58.80

注：阴影部分是 1995 年数据，因 1990 年数据空缺。

数据来源：FAO 统计数据库。

第二节　中国与世界活猪与猪肉贸易现状分析

一、活猪进出口贸易分析

（一）世界活猪进出口贸易分析

2000—2011年世界活猪进出口贸易量约在1 570万～3 650万头，约占世界生猪出栏总量的1.4%～2.6%；活猪进出口金额在131 062万～432 349万美元。2000—2011年期间，无论是活猪进出口贸易量，还是活猪进出口金额，都基本呈现上升的趋势。只有2009—2010年期间，生猪进出口量小幅上升，而进出口金额小幅下降。2000—2011世界活猪进出口情况详见表6-4。

表6-4　2000—2011世界活猪进出口情况

单位：千美元、头

年度	进口数	进口值	出口数	出口值
2000	15 827 180	1 310 622	15 747 091	1 349 952
2001	16 178 505	1 461 229	15 542 702	1 406 951
2002	18 098 806	1 399 862	17 112 673	1 347 226
2003	19 989 009	1 618 980	20 609 394	1 630 680
2004	21 845 648	2 108 305	22 674 582	2 130 863
2005	23 914 036	2 456 560	24 270 289	2 512 015
2006	26 814 140	2 790 169	27 067 903	2 770 072
2007	30 628 058	3 119 585	30 787 914	3 165 034
2008	31 610 086	3 794 572	33 239 586	4 072 733
2009	32 885 448	3 796 057	36 340 841	4 035 007
2010	33 317 145	3 739 044	37 321 920	3 940 862
2011	34 178 207	4 072 542	36 534 853	4 323 459

注：活猪数量包含种猪在内。

数据来源：FAO统计数据库。

（二）中国活猪进出口贸易分析

2000—2011 年，我国活猪的出口数量呈下降的趋势，即从 2000 年的近 203.89 万头（占当年我国生猪出栏总数的 4.37%，占当年世界生猪出栏总数的 1.85%）下降到 2011 年的 156.22 万头（占当年我国生猪出栏总数的 2.36%，约占世界生猪出栏总数的 1.13%）。同期，活猪的出口总金额却呈现上升趋势，从 23 193 万美元增加到 45 278 万美元（表 6-5）。

表 6-5　2000—2011 年中国活猪进出口情况

单位：千美元、头

年度	进口数	进口值	出口数	出口值
2000	3 364	4 066	2 038 930	231 932
2001	1 256	1 920	1 972 512	221 196
2002	1 163	2 011	1 888 606	214 914
2003	1 797	1 999	1 887 295	216 335
2004	1 898	2 762	1 972 911	240 831
2005	3 238	4 300	1 768 772	227 924
2006	2 489	4 254	1 722 540	225 649
2007	2 414	3 801	1 609 008	261 879
2008	11 613	18 178	1 645 411	383 373
2009	2 833	5 717	1 689 949	330 511
2010	4 053	7 723	1 717 813	338 937
2011	10 784	22 020	1 562 224	452 778

注：活猪数量包含种猪在内。

数据来源：FAO 统计数据库。

我国出口的活猪中，种猪的比重微乎其微，活猪主要出口到香港和澳门地区，另有少量活猪出口到蒙古、朝鲜等国家。

2000—2011 年，我国活猪进口数量的变化较大，年进口数量从 1 000 多头到 11 000 多头不等（表 6-5）。我国活猪进口量中大部分为种猪，主要来源地为美国、加拿大、法国和英国。

二、猪肉进出口贸易分析

（一）世界猪肉进出口贸易分析

从整体上来看，2000—2011 年世界猪肉（包含鲜、冷、冻猪肉、猪杂碎及其干、熏、腌渍、灌肠与罐头制品）进出口贸易量呈现不断上升的趋势，进出口金额也是呈现递增的趋势。2000—2011 年，世界猪肉进口贸易量从 506.22 万吨增加到 962.93 万吨，约增长 90%，而出口金额从 960 313 万美元增加到2 991 090万美元，增长了 200%以上（表 6－6）。

表 6－6　2000—2011 年世界猪肉进出口情况

单位：吨、千美元

年度	进口数	进口值	出口数	出口值
2000	5 062 259	10 328 927	5 102 732	9 603 130
2001	5 215 719	11 280 776	5 248 723	10 873 951
2002	5 810 348	11 839 354	5 806 951	10 550 133
2003	6 214 016	13 359 629	6 387 449	12 250 950
2004	6 641 504	16 747 287	7 046 262	15 958 380
2005	7 104 716	18 159 247	7 573 300	17 971 795
2006	7 418 369	19 205 040	7 794 751	19 272 321
2007	7 911 901	20 944 161	8 294 077	21 359 796
2008	8 954 520	26 244 889	9 304 397	26 604 099
2009	8 677 105	23 666 740	9 132 415	23 450 583
2010	9 018 546	24 896 331	9 580 988	24 926 883
2011	9 629 255	29 215 888	10 348 965	29 910 898

注：猪肉包含鲜、冷、冻猪肉、猪杂碎及其干、熏、腌渍、灌肠与罐头制品。
数据来源：FAO统计资料。

2000—2011 年，世界猪肉进出口贸易量，约占当年世界猪肉总产量的 5.78%左右。在世界猪肉进出口总贸易量中，鲜、冷、冻猪肉贸易量占 2/3 左右，其次猪杂碎贸易量占 1/10 左右，其余为干、熏、腌渍猪肉，猪肉灌肠与罐头制品等。

(二) 中国猪肉进出口贸易分析

在2000—2011年，我国猪肉（包含鲜、冷、冻猪肉、猪杂碎及其干、熏、腌渍、灌肠、火腿肉与罐头制品）的出口量呈现波动趋势，出口数量在5万～30万吨波动，出口金额在6 862万～45 954万美元波动。而同期，进口量也呈现波动的态势，进口数量在2万～47万吨波动，进口金额在2 130万～84 768万美元波动（表6-7）。

表6-7 2000—2011年中国猪肉进出口情况

单位：吨、千美元

年度	进口数	进口值	出口数	出口值
2000	136 140	58 441	52 761	68 618
2001	94 274	41 590	103 209	135 781
2002	144 905	81 684	161 947	209 464
2003	149 122	90 889	213 467	269 146
2004	70 557	54 460	291 298	459 544
2005	31 046	28 788	250 513	406 120
2006	23 843	21 303	268 883	400 879
2007	85 783	123 432	133 567	283 763
2008	373 341	523 503	82 203	275 646
2009	134 972	136 312	87 394	262 721
2010	201 335	208 987	110 127	332 013
2011	467 660	847 677	80 690	326 104

注：猪肉包含鲜、冷、冻猪肉、猪杂碎及其干、熏、腌渍、灌肠与罐头制品。

数据来源：FAO统计资料。

在我国猪肉出口数量中，“其他冻猪肉”“未列名制作或保藏的猪肉及杂碎”和“猪肉及杂碎罐头”三项所占的比重最大，占到

86.38%的比重。其他各项目所占比重只有13.62%（表6-8）。

表6-8　2007—2011年我国猪肉的出口数量结构

单位：%

出口项目	每项出口占出口总量的百分比
鲜、冷猪肉	7.26
冻整头及半头乳猪肉	0.49
冻整头及半头猪肉	4.20
其他冻猪肉	36.13
其他冻猪杂碎	0.04
未炼或其他方法提取的肥猪肉、猪脂肪	0.47
干、熏、盐腌或盐渍带骨猪腿	0.12
干、熏、盐腌或盐渍其他带骨猪肉块	0.03
干、熏、盐腌或腌渍猪腹肉（五花肉）	0.13
其他干、熏、盐腌或腌渍猪肉	0.10
制作或保藏的猪后腿及其肉块	0.65
制作或保藏的猪前腿及其肉块	0.13
猪肉及杂碎罐头	19.37
未列名制作或保藏的猪肉及杂碎	30.88

数据来源：根据《中国海关年鉴》（2007—2011）5年分项数据加总，计算出2007—2011年的出口结构。

2000—2011年，我国猪肉进口数量中，“其他冻猪杂碎”“冻猪肝”和“其他冻猪肉”三项所占的比重最大，占到84.82%的比重。其他各项目所占比重只有15.18%（表6-9）。

表6-9　2007—2011年我国猪肉的进口数量结构

单位：%

进口项目	每项进口占进口总量的百分比
鲜、冷带骨猪前腿、猪后腿及其肉块	0.01
其他鲜、冷猪肉	0.01

（续）

进口项目	每项进口占进口总量的百分比
其他冻整头及半头猪肉	0.03
冻带骨猪前腿、猪后腿及其肉块	7.92
其他冻猪肉	20.68
鲜、冷猪杂碎	0.31
冻猪肝	25.77
其他冻猪杂碎	38.37
未炼或其他方法提取的肥猪肉、猪脂肪	0.23
猪肉及杂碎罐头	0.03
未列名制作或保藏的猪肉及杂碎	0.03
猪皮	6.62

数据来源：根据《中国海关年鉴》（2007—2011）5年分项数据加总，计算出2007—2011年的进口结构。

第三节　我国猪肉的进出口贸易趋势分析

在2001—2006年，我国猪肉的出口量大于进口量，但从2007年国内猪肉价格急剧上涨之后，猪肉的进口量一直大于猪肉的出口量，而且遇到猪肉价格急剧上涨时进口量也会急剧上涨（图6-1）。从近几年的发展趋势来看，未来几年的进口量仍将大于出口量。

在2001—2006年，我国猪肉的出口值大于进口值，这与我国猪肉的出口量大于进口量是一致的。从2007年国内猪肉价格急剧上涨之后，猪肉的出口值保持稳定，但进口值上下波动幅度很大，有时高于出口值，有时低于出口值（图6-2）。总体来看，基于未来几年的进口量仍将大于出口量的判断，未来的进口值大于出口值将成为趋势。

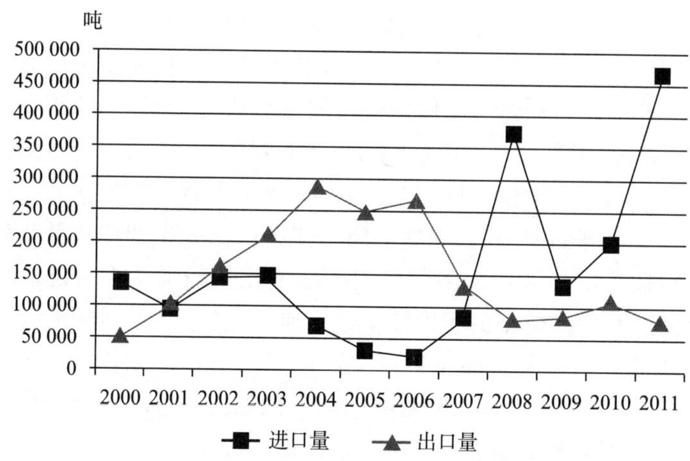

图 6－1　我国猪肉进口量和出口量变化趋势

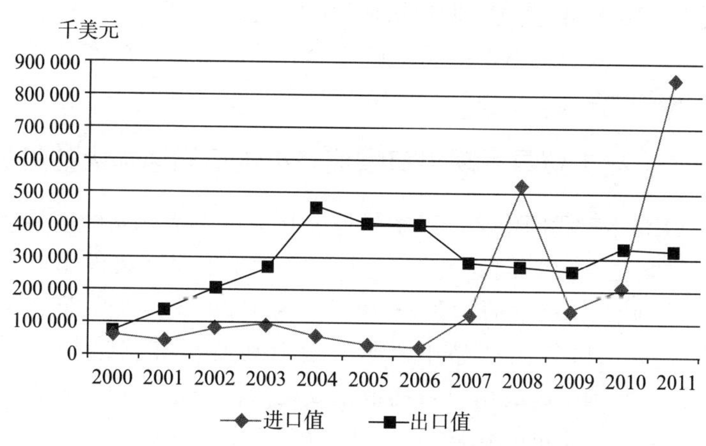

图 6－2　我国猪肉进口值和出口值变化趋势

第四节　我国生猪进出口贸易未来的发展趋势

一、畜产品出口减少进口增加，畜产品贸易逆差扩大

随着我国人均消费水平的逐年提高和消费结构的不断变化，

猪肉产品在全球肉类消费结构中所占比例有所下降，但在过去的20年中，全球猪肉产量仍高于其他肉类产量。我国作为世界第一猪肉生产大国，产量一直保持较快的增长速度。据FAO统计资料显示，2010年我国猪肉产量约占世界总量的50%。

然而与生产地位不同的是，在1998年之后，我国猪肉出口额基本排在全球的前10名之后，我国猪肉产品的生产优势并未转化为出口优势，我国参与国际猪肉贸易的比例较低。而且随着我国生猪生产和猪肉价格的频繁波动，猪肉的进口又有渐增的趋势。

2013年我国畜产品出口减少，进口增加，逆差扩大。全年累计畜产品出口额为58.38亿美元，同比增加0.3%；全年出口量124.37万吨，同比减少0.3%。累计进口额175.25亿美元，同比增加30.1%；进口量582.76万吨，同比增加20.4%。畜产品贸易逆差为116.87亿美元，同比增加40.42亿美元。

总之，未来我国畜产品出口减少而进口增加，畜产品贸易逆差扩大或许将成为趋势。

二、猪肉贸易呈现出口增速减小进口增速加大的趋势

2013年，我国生猪产品贸易逆差加大，生猪产品的贸易逆差达13.25亿美元，同比增加14.9%。2013年累计猪肉出口量为32.10万吨，同比增加5.1%；出口额为10.92亿美元，同比增加0.2%。在出口猪肉产品中，加工猪肉和鲜冷冻猪肉均分别占37.3%。我国猪肉的出口目的地主要是中国香港，对中国香港的出口占到出口总量的82.3%。

2013年全年累计进口猪肉量为127.85万吨，同比增加2.1%；猪肉进口额为24.17亿美元，同比增加7.7%。在进口猪肉产品中，猪杂碎和鲜冷冻猪肉分别占56.9%和41.5%。我国进口猪肉的主要来源国为美国、德国、西班牙、丹麦和加拿大，从这些国家的进口量约占到总进口量的76.8%。

总之，随着我国猪肉出口增速放缓，进口增速提高，未来我国的猪肉贸易逆差有进一步增加的态势。

三、稳定我国猪肉出口符合我国的既有资源条件特点

养猪业在畜牧业中属于相对耗粮型产业，而且我国国内猪肉消费量很大，鉴于我国农地资源有限、饲料资源不足的现状，未来我国养猪业发展的主要目标是保障国内的市场供给和满足港澳地区的基本需求。因此，未来稳定猪肉出口、保障国内市场需求应该放在首位。盲目强调增加出口不适合我国的资源特点。

改革开放以来，为了改善我国人民的饮食结构，我国畜牧业经历了高速发展的过程，但饲料资源的有限一直困扰着我国畜牧业发展。在我国的粮食进口总量中，饲料粮的比重很大；同时，我国饲料业所需的蛋白质饲料资源严重不足，很大的比重需要依赖于进口。这些都增加了我国在国际市场采购粮食、豆类和豆粕的压力，未来只要维持猪肉产品的出口稳定，保障港澳地区的基本猪肉需求即可。

从长期来看，我国应该把提高国内生猪饲养与经营效率，在猪肉产品结构上更好地满足国内市场的多层次需求作为发展目标。未来也只有实现了猪肉产品的分层次市场定位和差别定价，才能有效地提升我国生猪饲养与经营的效率，才能使我国生猪产业从各类细分市场中均衡获益，也才能有望实现我国生猪生产与猪肉价格的相对稳定。

第七章

我国生猪产业链分析

生猪产业链是农业产业链的一种形式，但由于生猪产业是在转化种植业产品的基础上进行的经营活动，因而生猪产业链又有着不同于一般农业产业链的独特之处。由于生猪产业是以种植业产品为原料的，因而生猪产业链更长、也更为复杂。因此，在详细分析生猪产业链之前，有必要首先对农业产业链进行分析。

第一节　关于农业产业链

一、农业产业链的涵义

农业产业链的概念产生于20世纪50年代的美国，其含义是指与农业初级产品密切相关的具有关联关系的产业群所组成的网络结构，这些产业群依据其关联顺序主要包括为农业生产服务的科学研究部门和农业生产资料的生产部门这些产前环节，农作物种植和畜禽饲养等中间产业部门，以及以农产品为原料的加工业、储存、运输、销售等产后部门，也就是说包括了农业的产前、产中、产后部门。一般人们所说的农业产业链主要是指种植业产业链。

各个国家对农业产业链的称谓不同，但实际上都是按照现代化大生产的要求，在纵向上实行产前以及产加销一体化，在横向

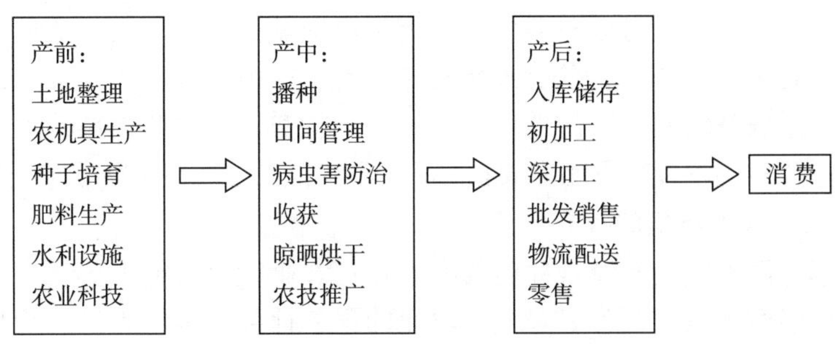

图7-1　农业产业链的主要内容

上实现资金、技术、人力、信息等要素的集约经营，从而形成经营部门专业化、产业一体化、服务社会化的农业经营管理大格局。其具体表现在以下几个方面：

1. 农业各经营部门的专业化

在现代农业发展中，农业各经营部门越来越专业化，从事农业科研活动的机构专注于农业科学研究；从事农业生产资料生产的机构专注于农业生产资料的生产；从事农业产中环节的仅专注于农作物种植和畜禽饲养；从事农产品加工的专注于农产品加工；农产品的储存和运输由专门的农产品物流配送公司承担；农产品的销售则由专业的销售机构负责。

2. 农业经营的集中化

在现代市场经济发展的背景之下，伴随着竞争的加剧，农业经营又同时呈现出经营集中化的发展趋势。比如，农业的每一个经营环节（农业科研、农业生产资料生产、农作物种植和畜禽饲养、农产品加工、农产品物流配送、农产品销售等）的经营都越来越集中、规模都越来越庞大。

3. 农业生产经营的地域性特色越来越明显

伴随着现代交通运输业的发展（高速公路网、低温储运车辆的普及），农产品的市场配置范围越来越大，这使得集中于一地生产而面向大范围销售成为可能。比如，山东生产的蔬菜产品可以覆盖全国市场乃至东北亚市场，北京的大桃可以远销至广东和香港，东北的大米可以覆盖中国东南沿海的整个市场。某一地域或因各种天赋的资源优势、或因种植传统、或因资本投入，都可以逐渐形成其农业经营的地域特点或地域优势，对这些地域特点或地域优势的挖掘就可能形成农产品在较大范围之内的市场分布。

4. 农业服务的社会化

伴随着农业各经营部门的专业化、农业经营的集中化和农业生产经营地域性特色显著化，农业的服务社会化也成为发展的趋势。随着农业产业的发展，在农业的产前、产中和产后各环节上所要求的服务也越来越多，并在客观上提出了农业服务社会化的要求。纵观世界上农业发达的国家，它们大多都有十分完备的农业社会化服务体系。也正是由于它们具有完备的农业社会化服务体系，其农业产业的发展才有了可靠的保障。

5. 农业产业链一体化

农业产业链的形成过程就是农业产业链一体化的过程。在农业产业链中，各环节的一体化可以看作是不同节点的企业、机构或经营主体遵循经济理性原则互相的博弈行为的结果。依照博弈论的观点来看，决策者（企业、机构或经营主体）的态度可以分为两大类，即合作（愿意合作）与非合作（不愿意合作）。当决策者采取非合作态度时，他在决策时就不去考虑其他人的利益，而只是考虑自己的利益，并把他人的价值观和利益作为影响自己利益实现的原因来加以考虑。在这一前提下，当他们在进行“集体活动”或者进行博弈时，他们相互之间往往回采取“非合作”的态度（这时的交易费用较高）。相反，当决策者在决策中考虑其他人的利益时，就会把其他企业的利益也作为自己行动的目标的一部分，他就会采取欢迎合作的态度。当双方都采取欢迎合作的态度时，就可能达成有一定约束力的协议，这样在产业链的不同环节间才可能形成真正意义上的合作（这时的交易费用较低），并进而实现一体化。我们通常所理解的农业产业链就是通过彼此合作所形成的一体化农业产业链。

总之，农业产业链是以农业经营的专业化、集中化、地域化、服务社会化为基础，通过产业链条上相关联的节点企业（或经营主体）之间的紧密合作，以降低交易费用，从而达到提高产业运营效率和提高各自经营效益的目标。

二、农业产业链的理论基础——交易成本理论

传统的政治经济学认为交易和商业不能增加商品的价值，因此我国在计划经济体制下理论上认为交易成本是不存在的。但是，在1991年当罗纳德·科斯（Ronald Coase）获得诺贝尔经济学奖之后，其学说在中国迅速传播，人们开始思考交易成本问题，“交易成本”“交易费用”“科斯定理”一时成为热门词汇。

交易成本理论（也称为交易费用理论）是由罗纳德·科斯最早提出的，在1937年，科斯在《企业的性质》一文中首次提出交易成本这一概念，而后交易成本又成为新制度经济学的最基本的概念。简要来说，交易成本是指完成一笔交易时，交易双方在买卖前后所产生的各种与此交易相关的成本。科斯认为，交易费用应包括度量、界定和保障财产权利的费用，发现交易对象和交易价格的费用，讨价还价、订立合同的费用，督促契约条款严格履行的费用等，具体可以列为以下几类费用：

（1）搜寻成本：商品信息与交易对象信息的搜集。

（2）信息成本：取得交易对象信息与和交易对象进行信息交换所需的成本。

（3）议价成本：针对契约、价格、品质讨价还价的成本。

（4）决策成本：进行相关决策与签订契约所需的内部成本。

（5）监督交易进行的成本：监督交易对象是否依照契约内容进行交易的成本，例如追踪产品、监督、验货等。

（6）违约成本：违约时所需付出的事后成本。

按照大多数学者认同的观点，交易费用是使用市场机制时发生的制度费用。例如，道格拉斯·诺思认为，交易成本的存在使经济过程产生摩擦，它是影响经济绩效的关键因素。张五常认为，好的经济制度可以有效地降低协调成本，即节省交易费用；而不

好的经济制度则会提高社会的协调成本，即增加交易费用。

科斯认为，正是由于交易成本的存在，企业才需要不断地扩大规模和扩大经营领域，将原来的市场交易成本转变为企业内部更为低廉的管理成本。由此也产生了关于“企业的边界应该有多大”的问题，即如果企业不断扩大规模，当扩大到企业内部管理成本与市场交易成本相近的时候，企业规模再扩大其内部管理成本就会大于市场交易成本，这时企业扩张就不会带来利益，这也就决定了企业规模扩张的边界。科斯对市场和企业两种制度安排做了比较，并得出这样的结论：企业组织的边界取决于市场交易成本和企业内部组织协调成本的比较。

交易成本理论的根本论点在于对企业的本质加以解释。由于在经济体系中企业的专业分工与市场价格机制的作用，产生了专业分工的现象，但是当使用市场的价格机制来配置资源的成本相对偏高时，就会显示出企业内部以管理机制来配置资源成本较低的优势，这是人类追求经济效率提高所形成的经济组织形式，也是农业产业链一体化的理论依据。

当农民由于担心购买的农资有问题而不得不费力奔波选购时，如果某一有信誉的农资经营机构可以通过签订合同的形式来保证其农资质量，那农民当然愿意成为其长期客户，农户减少了购买成本，农资经营机构也减少了寻找客户的成本。如果农户总在忧虑生产的产品难以卖到比较理想的价格时，农产品加工或销售机构愿意保证农户获得一个比较合理的价格，而农产品加工和销售机构又可以借助与农民签订合同的形式来稳定自身的货源并减少交易成本时，它们之间就可以实现长期合作。总之，农业产业链一体化有助于降低产业链各个环节的交易成本，并提高或稳定产业链上每个参与者的盈利水平。

三、农业产业链构建的基础——农产品供应链

一般认为，农产品供应链是围绕核心经营企业（或经营主体），通过对信息流、物流、资金流的控制，从采购原材料开始，

制成中间产品以及最终产品，最后由销售网络把农产品（或加工食品）送到消费者手中的、将供应商、中间环节经营主体（比如农户、农户群或农场）、加工制造商、分销商、零售商、直到最终用户连成一个整体的功能网链结构模式。它是一个范围更广的企业（或经营主体）结构模式，它包含所有加盟的节点企业（或经营主体），从原材料的供应开始，经过产业链上不同企业（或经营主体）的制造、种植或养殖、加工、分销等过程直到最终用户或消费者。

农产品供应链不仅是一条连接供应商到用户或消费者的物料链、信息链、资金链，而且还是一条价值增值链、盈利增加链。物料（种子、肥料、农用机械）或资源（比如农田、畜舍、草原）在农产品供应链上因制造、种植、养殖、加工、包装、运输等过程而增加其价值，并给产业链上相关联的企业（或经营主体）都带来盈利的增长或盈利的稳定。

我们可以比较形象地把农产品供应链描绘成一棵枝叶茂盛的大树：农资生产企业构成这棵大树生长的土壤，种植和养殖环节就是这棵大树的树根，主要加工企业和大型批发销售机构就是这棵树的主干，广大的零售商就是这棵树的树枝和树梢，而消费者则是这棵树上密密葱葱的树叶。如果土壤肥美（农资生产企业提供好的原料），根系发达而繁茂（种植和养殖业者努力工作），树干粗壮（加工和批发销售机构积极工作），那么树枝（零售商）就会越深越长、覆盖面越来越大，树叶（消费者）自然也就会越来越浓密。

在土壤（农资生产企业）与根系（种植和养殖业者）、根系（种植和养殖业者）与树干（加工和批发销售机构）、树干（加工和批发销售机构）与树枝（零售商）、树枝（零售商）与树叶（消费者）的每一个节点上，都蕴藏着一次次的流通和转化，大树遍体相通的脉络便是农产品信息管理系统。只有当作为大树遍体相通的脉络——农产品信息管理系统十分通畅的时候，这棵树才具有强大的生命力。所以，农产品供应链是社会化大生产的必然产物，是农产品产业链中重要的流通组织形式与市场营销方式，它具有市场组织化程度高和规模化经营的优势，有机地联结了农产品生产与农产品消费，是农业产业链构建的基础。

第二节 生猪产业链概况

一、生猪产业链的概念

生猪产业链是农业产业链中的一种特殊类型，其概念也是由农业产业链的概念延伸而来的。它涵盖了生猪产业组织体系，是以市场为导向，以科技为支撑，以养猪农户和规模养猪场为基础，以养猪合作社、一体化经营企业、生猪屠宰场和猪肉加工企业为依托，将生猪生产过程的产前、产中、产后各个环节联接为一个体系，形成“种养加、产供销、牧工商”一体化的产业经营链条。

生猪产业链与猪肉供应链有所不同，其区别在于：

1. 两者涉及的主体不同

猪肉供应链只涉及与猪肉产品直接相关的主体，包括饲料和兽药生产经销者、仔猪和育肥猪养殖者、屠宰加工者、猪肉销售者。而生猪产业链则包括产前、产中、产后的市场预测、科技研发、饲料和兽药提供、生猪养殖、生猪屠宰、猪肉加工、猪肉流通与销售网络等，是更为全面的生猪产业组织链条。生猪产业链可以包含多种不同的猪肉供应链。

2. 两者涵盖的范围不同

猪肉供应链仅指猪肉生产部门与上下环节产品提供者和需求者之间建立的微观产品供求关系；而生猪产业链则跨越了生猪的产供销等农业、工业、商业等各个产业部门内部的各种经济活动，形成了不同产业之间的串联和挂接。

3. 两者的发展目标不同

猪肉供应链要求准确把握消费者需求，实现供应体系效率提高，消除内耗，更好地满足消费者需求，一般由企业来主导；而生猪产业链则要求实现各产业之间利益的均衡分配，提升生猪产业链上游经营主体的经济利益，解决不同规模养殖户与大市场之间的矛盾，一般由政府部门所主导，目的是实现生猪产业链的整体升级，实现组织效率的提高。

二、生猪产业链的主要内容

生猪产业链是由与生猪产业密切相关的、具有关联关系的产业群所组成的网络结构，其成员包括为生猪生产服务的市场调研及预测部门、科学研究部门和畜牧业生产资料的生产部门这些产前环节，生猪饲养等中间产业部门，以及以生猪产品为原料的加工业、储存、运输、销售等产后部门，也就是说包括了生猪产业的产前部门、产中部门和产后部门，同时也覆盖了第一产业、第二产业和第三产业。

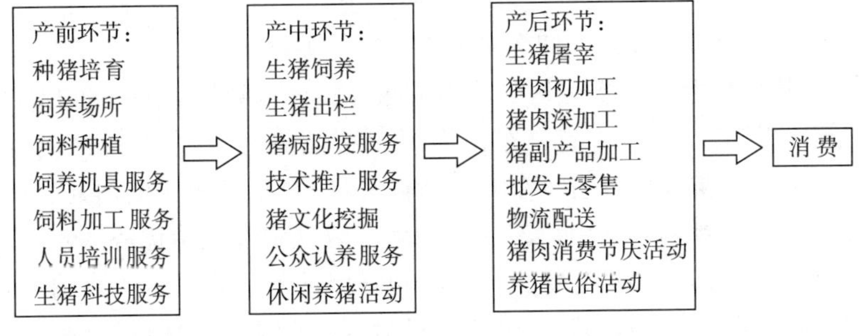

图 7－2　生猪产业链的主要内容

随着现代畜牧业的发展，生猪产业各经营部门的专业化程度已经普遍提高。为生猪养殖业提供原料的饲料行业在我国已经相当发达，而且许多饲料企业已经开始成为我国生猪产业链发展的推动力量。生猪产业中的育种、防疫、屠宰、加工、储存、销售等都已经有了相当高的专业化水平。而作为生猪饲养主体的农户、农户群（养猪专业合作社）或规模养猪场已经成为生猪产业链之中的一个“车间”。

同时，生猪产业也从原本的第一产业（养殖环节）和第二产业（加工环节）逐渐向第三产业（服务业）延伸，其第三产业不仅包括产前环节的人员培训服务、生猪科技服务和饲料加工服务，也包括产中环节的猪文化挖掘、公众认养服务、休闲养猪活动等，还包括产后环节的养猪民俗活动、猪肉消费节庆活动等。在我国由于饲养传统和资源状况的不同，已经形成了较为明显的生猪养殖优势区，各区域都有其特有的养猪传统、养猪民俗文化、独特的品种资源等。

当前我国生猪生产主要集中在长江流域、中原、东北和两广等地区，其猪肉产量占全国猪肉总产量的80%以上，是我国主要的生猪、猪肉生产区和调出区。我国生猪优势区域布局选择的依据是：①生猪饲料资源优势：粮食资源丰富或饲料工业比较发达；②生猪生产基础优势：生猪生产水平高、规模大，具有较完善的良种繁育体系，且生产相对集中连片；③猪肉市场竞争优势：生猪商品率高，外销量大，区位优势明显；④生猪产品加工优势：生猪加工业基础较好，拥有实力较强的龙头企业。

根据上述生猪优势区域布局的依据，选择沿海地区的江苏、浙江、广东和福建4省（东南沿海生猪优势区），东北地区的辽宁、吉林、黑龙江3省（东北生猪优势区），中部地区的河北、山东、安徽、江西、河南、湖北和湖南7省（中部生猪优势区），西南地区的广西、四川、重庆、云南和贵州5省（自治区、直辖市）（西南生猪优势区），共19个省（自治区、直辖市）构成我国四大生猪优势区域。在这些优势区域，生猪生产经营的集中化程度比较高，生猪业的每一个经营环节（生猪科研、生猪业生产资料生产、生猪饲养、生猪产品加工、猪肉产品物流配送、生猪产品销售等）的经营也都越来越集中，经营规模也呈现出越来越大的发展趋势。

伴随着中国现代交通运输业的发展（高速公路网络发达、低温储运车辆普及等），生猪产品的市场配置范围也越来越大，这使得集中于一地生产而面向更大范围销售成为可能。比如，我国西南生猪优势区生产的猪肉就可以覆盖到全国市场乃至东南亚市场，东北地区的猪肉产品可以很便利的覆盖到我国东南沿海的主销区市场。再伴随着生猪市场信息的网络化和透明化，全国的生猪市场价格已逐渐趋向于统一化。

为生猪产业提供服务的社会化程度也在不断提高。随着我国生猪产业各经营部门的专业化、生猪产业经营的集中化和生猪生产经营地域性特色显著化，为生猪产业提供社会化服务也成为发展的趋势。随着生猪产业的发展，在生猪产业的产前、产中和产后各环节上所要求的服务也越来越多，生猪产业中的地域文化挖掘也促进了产业链中第三产业的发展，这些都在客观上提出了服务社会化的要求。世界上生猪产业发达的国家，比如美国、德国、西班牙、荷兰等国，它们都有十分完备的生猪产业社会化服务体系。也正是由于它们具有完备的生猪产业社会化服务体系，其生猪产业的发展才有了可靠的保障。

生猪产业链的形成过程也就是生猪产业链一体化的过程。在生猪产业链中，各环节、各产业的一体化同样可以看作是不同节点的企业、机构或经营主体遵循经济理性原则互相之间的博弈行为的结果。当参与生猪产业经营的决策者出于获取长期利益的考虑，在决策中考虑其他人的利益时，就会把其他企业（或经营者）的利益也作为自己行动目标的一部分，这时他就会采取愿意与他人合作的态度。当生猪产业链上的多方都采取愿意相互合作的态度时，就可能达成有一定约束力的协议或共识，这样在生猪产业链的不同环节之间才可能形成真正意义上的协作关系（这时的交易费用会较低），并进而实现生猪产业链经营的一体化和高效化。

总之，生猪产业链是以生猪产业经营的专业化、集中化、地域化、服务社会化为基础的，它涵盖了第一产业、第二产业和第三产业，并通过生猪产业链条上相互关联的节点企业（或经营主体）之间的紧密合作，以降低各自的交易费用，从而达到提高生猪产业运营效率和提高生猪产业链上各经营主体的经营效益的目标。

第三节　我国生猪产业链面临的问题及相关政策走向

我国生猪产业链面临的现实问题是如何处理好产地生猪市场与销地生猪市场的关系，发展目标是要形成布局合理、统一有序、流通顺畅的生猪产业链发展格局，以提高我国生猪产业链的运营效率并实现生猪产业链各环节之间的利益均衡。

从生猪产业链的内在联系来看，生猪繁育、饲料种植、饲料加工、生猪养殖、生猪屠宰、生猪产品加工、生猪副产品加工、猪肉流通、猪肉消费、猪文化挖掘、休闲养猪、养猪民俗活动等之间相互制约，其中任一个环节出现问题都有可能会波及到整个生猪产业链。要促进我国生猪产业链健康发展，就必须以生猪产业链为基础，把握整体、均衡各环节的利益，协调第一产业、第二产业和第三产业发展，整体推进产业链发展，全面提升生猪产业链的经营效率和经营效益。

一、我国生猪产业链面临的问题

（一）我国生猪的规模化养殖程度较低，经营效率也偏低

近年来，我国生猪养殖的规模化程度不断提高，但各地区生猪养殖规模仍以年出栏数1～49头为主。2012年我国生猪出栏数量最大的十个省份中，出栏规模在1～49头的比重平均约为50%左右，而年出栏规模在1万头以上的比重平均仅为8%。对比美国的情况来看，2010年美国年出栏5 000头猪以上的养殖场所生产的生猪占总量的62%。

生猪养殖分散化的养殖模式导致我国生猪饲养条件相对较差，养殖技术和生产效率远低于世界发达国家的水平。比如，疾病控制问题、养殖环境管理问题都是我国与发达国家差距较大的地方，同时也是制约我国养猪生产水平提高的主要因素，还是引发我国

生猪养殖难以稳定的诱因。2010 年，我国每头能繁母猪提供的商品仔猪为 13.58 头，全程死亡率超过 20%，远低于养猪发达国家每头能繁母猪年提供仔猪 22 头以上的水平（其中，丹麦每头能繁母猪年提供仔猪超过 25 头）。如果我国每头能繁母猪提供的商品仔猪能达到 18 头，则我国每年可以少养能繁母猪 1 200 万头，可节约饲料 1 400 万吨；如果我国每头能繁母猪提供的商品仔猪为 20 头，则我国每年可以少养能繁母猪 1 575 万头，可节约饲料1 800 万吨。

（二）生猪流通体系引导生猪生产、分散养殖风险的功能亟待进一步提升

首先，我国生猪流通主体的组织化程度较低，营销规模偏小，经营效率也低。从全国范围来看，我国每个县市都活跃着一批从事生猪交易的猪贩子和经纪人。但由于我国农民专业合作组织的发展起步较晚，这些农村经纪人和猪贩子就成为目前我国生猪购销的主要力量。小规模的猪贩子每天贩运数量在几十头以内，收购猪的范围一般为本镇或本县；中等规模的生猪贩子每天贩运数量在 100～200 头，收购生猪的范围一般为本县或本市，他们一般是为大中城市定点屠宰企业收购生猪；大型生猪贩子每天贩运数量在 200 头以上，收购生猪范围不固定，每个省份都有大量的此类生猪经纪人，这些大型生猪贩子一般为大中城市的大型屠宰企业提供猪源。受拥有资金及市场风险的限制，生猪贩子的经营规模一般不会太大，因而很难形成稳定的、规模化的生猪供应链条。

其次，我国生猪流通环节较多，生猪养殖户由于各自养殖规模太小，因而在生猪市场交易中的谈判能力很低，他们无法分享流通环节的利润。目前，我国生猪交易一般会经过生猪经纪人、小规模的生猪贩子、大规模的生猪贩子、生猪屠宰企业等多个环节。尽管生猪经销者的出现降低了生猪养殖者与生猪屠宰企业之间交易的成本，但由于生猪贩子与生猪养殖者之间是一种买断关系，多个交易环节也摊薄了生猪养殖户的利润水平。结果就出现

了市场猪肉价格还处在稳定或微涨阶段，而养猪的农户已经感受到了生猪出售价格的下跌。这种现象总在不断地引发我国生猪供给的不稳定和猪肉价格的不稳定。

（三）我国猪肉加工技术装备水平落后，加工产品同质化比较严重

从全国来看，目前我国的生猪屠宰企业仅仅有2%采用现代化方式屠宰（即基于全程温控管理和产品可追溯体系下的机械化流水作业生产线），有15%的生猪屠宰企业采用的是简单的机械化屠宰作业方式；还有80%以上的生猪屠宰企业处于半机械化、手工操作阶段。由于绝大多数生猪屠宰企业使用的半机械化加上手工操作的生产方式比较落后，而且多数这类企业只能从事生猪代宰业务，即生猪屠宰企业将客户送来的活猪经过传统的屠宰方式加工成白条猪或分割肉，再交付给猪肉批发商，由批发商运走销售，屠宰每头猪只能收取固定的代宰费。这类生猪代宰方式就决定了生猪屠宰和短期储存过程中冷藏设备、冷冻设施基本都派不上用场，同时也使后续的猪肉产品运输和卫生问题无法得到有效的监管。在这种生猪屠宰加工模式下，猪肉质量的最终责任人只能被动地落在猪肉经销商身上，而代宰商户根本就没有对生猪质量把关的动力。这就使病死猪、淘汰猪、注水猪肉等问题难以在市场上杜绝，并严重影响到猪肉的食用安全。

另外，我国猪肉的深加工产品种类也少，而且同质化现象十分严重，难以满足消费者对于猪肉消费的多种类、多层次需求。未来只有通过不断研究消费者的消费习惯与需求趋势，拓展具有不同地方特色的深加工猪肉产品，满足不同收入水平和不同需求特点的消费者需求，才能更好地扩大我国生猪产业链的终端市场，实现我国生猪产业链稳定发展和高效运转。

二、从生猪产业链的角度看未来的政策走向

从生猪产业链的角度来看，首先，未来必须要强化生猪产业

的科技支撑力度。要促进我国猪育种中心的建设，要提高原种猪和引进品种的选育水平，不断培育出高产优质的商品瘦肉猪高效杂交组合。同时还要开展养猪业现代化、养殖标准化、饲养规模化、猪疫病防治科学化等科学研究。只有各级政府在制定相关政策时考虑到必须要强化生猪产业的科技支撑力度，才能有效提升我国养猪业的科技支撑水平，并为我国生猪产业链的稳定发展和高效运转奠定科技基础。

其次，要通过政策引导，强化生猪防疫体系建设。要健全养猪防疫设施，规范防疫程序，严格免疫制度和检疫制度，以防控重大猪疫病的发生。要全面强化防疫工作、产地检疫工作和屠宰检疫工作，最大限度地切断猪疫病的传播途径，尽可能将发生的疫情控制在最小范围之内。要增加对防疫体系的经费投入，建立健全县、乡、村生猪疫病防疫体系，充实基层专业技术人员队伍，提高专业技术人员在行政管理人员中的比重。

第三，要完善疫情扑杀补偿制度，要通过提高疫情扑杀补偿标准和保证补偿资金及时到位，来有效地控制疫情的蔓延，减少疫情对于养猪业发展的影响。如果各级政府对于猪疫情反应慢，扑杀补偿标准低，补偿资金不能及时到位，那么就很难有效地控制疫情的蔓延，进而就会极大地影响到全国养猪业的稳定发展。因此，只有政策导向明确，政策落实及时有效，才能有效控制疫情的发展，才能逐步净化我国养猪的防疫环境，进而减少疫情的发生和产生的影响，为我国养猪业发展营造良好的环境。

第四，未来在制定相关政策时，必须关注生猪养殖业带来环境污染应对问题。2013 年 10 月 8 日国务院 26 次常务会议已经通过了《畜禽规模养殖污染防治条例》（国务院令第 643 号）。从发达国家的发展经验来看，养猪业的规模化发展是必然趋势，但规模化养猪带来的环境污染问题也不容小视。正因为如此，发达国家在经历了养猪业不断扩大规模的发展之后，开始考虑如何发展才能避免环境污染，如何发展才能关照到动物福利，如何发展才是健康和可持续的。我国养猪业正处在规模不断扩大的发展阶段，伴随的环境污染也在同时加剧。《畜禽规模养殖污染防治条例》的及时出台，为各地制定促进养猪业发展政策指引了方向，即养猪业的规模化发展必须以不产生新的环境污染为前提。只有不断扶植和推进养猪业废弃物（粪污、废弃物、废水等）的综合利用和无害化处理，保护和改善环境，才能促进我国养猪业持续健康发展。

第五，完善生猪市场体系，降低流通成本，提高流通效率。完善生猪市场体系要做到统筹规划，合理布局，要综合考虑我国生猪生产和消费规律和未来趋势，规划好生猪生产规模及其流量流向，正确处理好产地生猪市场与销地生猪市场关系，形成布局合理、统一有序、流通顺畅的生猪销售市场网络。为了保证市场供给和有效地调剂余缺，要扶持生猪主产区和主销区建设冷藏冷链贮运设施，实现生猪屠宰现代化，促进生猪产品深加工和冷链配送，拓展大型生猪批发市场的功能，提高其市场辐射力。尤其要促进生猪产地肉制品加工产业的发展，降低区域之间生猪流通规模和流通成本，这样也有助于阻止生猪疫情的大范围传播。坚持生猪运输的“绿色通道”政策，降低生猪及其产品的流通成本，支持和推广生猪及其产品的电子商务发展，减少不必要的运输成本。同时，通过网络平台按时发布有关生猪存栏量、生猪出栏量、猪肉产品商业储备量、生猪交易价格等信息，以促进养猪业发展稳定和猪肉市场价格稳定。

第六，促进我国生猪屠宰行业提高技术水平和现代化水平，营造生猪产业链的公平竞争市场环境。生猪屠宰是由活猪到猪肉产品的转折点，也是猪肉类产品流通的开始，更是保障猪肉类食品安全的重要关卡。自 1998 年我国实施《生猪屠宰管理条例》以来，生猪屠宰行业产业集中度、屠宰业规模化程度不断提高，但是也仍然存在着一些矛盾和问题。比如，已经实施多年的生猪定点屠宰制度虽然提高了猪肉的质量，但同时也在一定程度上助推了行业垄断现象的发生，并营造了滋生了地方保护主义的土壤。据报道，全国一些省份的猪肉屠宰行业都出现过垄断现象，其中某些省份甚至还发生过屠宰行业暴力垄断事件。相对于生猪饲养户（主要的活猪提供者）和猪肉零售摊贩（主要的猪肉零售者）而言，生猪屠宰企业掌握着更多的（甚至是绝对的）市场话语权。在通过收购获得猪源时，屠宰企业具有定价权；在将猪肉产品卖给猪肉零售摊贩时，依然能够在很大程度上左右其销售价格。这种垄断优势的膨胀，往往会导致猪肉价格的上涨，在损害了消费者利益的同时，也会由于涨价带来销售量的减少，而导致养殖者难以稳定经营。因此，在生猪屠宰行业提高技术水平和现代化水平的同时，也要注重营造生猪产业链的公平竞争市场环境。

第八章

我国生猪产品的质量安全分析

猪肉是我国人民最主要的食用畜产品，猪肉的食用安全事关我国民众的身体健康和生命安全，也关系到社会的安定和谐。本章从食品安全问题的特点及其影响因素出发，分析保障我国猪肉产品质量与安全需要监控的主要环节，并针对猪肉质量与安全的监督与管理水平的提高问题提出了几点建议。

第一节　食品安全问题的特点与影响因素

一、食品安全的基本特点

食品安全是事关人民健康、经济发展和社会稳定的大事，各级政府和广大人民群众都对此十分关注。我国是畜产品生产大国，经过了几十年的努力，我国的肉类、禽蛋产量均已位居世界第一，并成功地解决了我国人民摄入优质动物蛋白不足的问题。但是，由于畜产品引发的食品安全事件近年来屡有发生，比如“瘦肉精猪肉事件”“三聚氰胺奶粉事件”等。这些事件严重打击了人民群众对我国畜产品质量和安全的信心，不少消费者减少了对猪肉的消费量，也有的年轻父母只允许孩子食用进口奶粉等。这一状况如不尽快扭转，未来势必会影响到我国整个畜牧产业链的整体发展。

畜产品的食品安全事关我国公众的身体健康和生命安全，也关系到农民增收和我国乡村社会的稳定，必须引起各级政府的高度关注。深入分析畜产品的食品安全问题，旨在为我国建立保障公众身体健康和生命安全的高效率的畜产品质量和安全监督和管理体系出谋划策，为此，我们首先需要分析食品安全问题的基本特征。

（一）食品安全问题危害的直接性

食品安全问题的危害很直接，食品一旦受到物理的、化学的和生物的污染，就可能直接对人体健康和生命安全产生危害。比如，“瘦肉精猪肉事件”“三聚氰胺奶粉事件”都直接对消费者产生了极大的伤害。

（二）食品安全危害的隐蔽性

食品安全的危害有时会带有一定的隐蔽性，我们仅凭感官往往难以辨别食品安全的水平或程度，而是需要通过仪器设备进行检验和检测，在有些情况下甚至还需要进行人体或动物实验才能最终得出结论。

食品安全情况的检测往往会受科技发展水平、分析仪器设备条件等的制约，部分参数或指标的检测难度大、检测时间长。因此，对于食品安全状况经常会难以及时准确地做出判断，结果就使这种危害带有较强的隐蔽性。

（三）食品安全危害的累积性

食品安全的危害还带有一定的累积性。不安全食品（或达不到食品安全标准的食品）对人体的危害往往会经过较长时间的积累才能体现出来，比如食品中的农药、兽药等有害物质残留，只有在人体内积累到一定程度后才导致疾病的发生，并开始被人们察觉。而在未积累到足以导致疾病发生之前，人们往往难以及时察觉。

（四）食品安全危害产生的多环节性

食品的生产过程往往会经历多个环节，其中任何一个环节的不慎都可能对最终的食品安全产生影响乃至危害。食品原料的产地环境情况、生产过程的投入品状况、生产过程本身是否清洁和安全、加工流程是否科学合理、流通和运输环节是否能保持食品的质量和安全、在规定的保质期内是否能全部销售掉等，诸多的环节都会影响到食品安全的最终实现，其中任何一个环节的差错或疏失都可能引发食品安全问题。

（五）食品安全监督和管理的复杂性

由于食品生产周期长，食品产业链条长而且复杂多样，产业链条往往会有很大的区域跨度。比如，进口美国的玉米和豆粕，在中国饲养畜禽，屠宰加工后又将畜产品输出到我国的香港和澳门。再比如，四川省的畜禽养殖农户饲养的生猪，屠宰后将冷冻猪肉卖给河南的肉食品加工企业，生产的火腿肠再卖给北京的零售业集团，最终被北京的消费者购买。这就使得对食品安全的监督和管理涉及的区域广、涉及的学科也多、涉及的领域和部门也多，结果是对食品安全的监督和管理内容复杂、难度很大。

二、食品安全的主要影响因素

（一）影响食品安全的直接因素

影响食品安全的直接因素主要是物理性污染因素、化学性污染因素和生物性污染因素。

1. 物理性污染因素

主要是指由物理性因素对食品安全产生的危害，比如，通过人工或机械混杂在食品中的杂质（比如，异物在食品中的掺杂和灰尘等不洁物在食品中的掺杂）等。

2. 化学性污染因素

主要是指在食品原料生产和食品加工过程中使用化学合成物质而对食品安全产生的危害，比如使用农药、兽药、各类添加剂等造成的在食品中的有害残留等。

3. 生物性污染因素

主要是指自然界中和加工过程中各类生物性污染源对食品安全产生的危害，比如致病性细菌带来的危害、病毒带来的危害以及某些毒素带来的危害等。

（二）与食品安全相关的社会因素

1. 消费者的食品安全意识在不断提高

随着我国社会经济的不断发展，人们的收入水平也在不断地提高，人们在总体生活水平提高的同时，也会对食品的质量和安全提出更高的要求。随着我国城乡居民收入的增长和消费水平的提高，人们的健康意识和食品安全意识也在不断提高。这就引起了民众对我国目前食品安全状况的担忧，同时也对各级政府对食品质量和安全监督和管理提出了新的要求。

2. 我国社会经济发展水平不断提高

食品的数量安全是保证人类生存的基本条件，但随着经济发展和社会进步，当食品数量安全得到基本保障之后，追求食品的质量安全也就成为必然。我国目前正处在食品的数量安全基本得到保障、人们转而开始追求食品的质量安全的新阶段。

发达国家农业和食品工业发展的历史轨迹证明，食品的质量和安全水平往往是随着社会经济发展水平的提高而不断得到提升的。中国的农业和食品工业已经经历了几十年追求数量增长的阶段（为了养活十几亿人口必须首先保障数量的充足），目前正处在稳定数量与保障质量和安全并重的新阶段，未来还会走向更加重视质量与安全的更高阶段。

总之，随着我国社会经济的不断发展，在稳定食品数量的基础上，人们会越来越关注食品的质量与安全问题，这就对我国的食品质量与安全监督和管理提出了更高的要求。

3. 食品检验与检测科学技术发展水平的提高

食品质量与安全的检验与检测是一项十分复杂的工作，需要较高的检验与检测科学技术发展水平。要解决我国的食品质量与安全监督和管理问题，还需要不断地推进多个学科和专业的科学技术发展水平。只有不断提高我国食品质量与安全检验检测科学技术的发展水平，才能逐步建立起对我国食品质量与安全检测与监控的平台。

同时，随着现代科学技术的不断发展和人们对食品质量与安全关注程度的不断提高，在食品产业链的各个环节上，人们也会应用越来越多的新科学技术成果，比如，低毒农药的研制和使用，以防虫网取代使用杀虫剂，通过果实套袋来减少对果树喷施农药的次数，通过更好的动物保健措施来减少疫病的发生进而减少兽药的使用，通过灭菌技术和真空技术等措施减少加工食品中防腐剂等添加剂的用量等。这样，就可以从源头上更好的保障食品的质量与安全。

第二节　保障猪肉产品质量与安全需要监控的环节

保障猪肉产品质量与安全就是指要在生猪产业链的各个环节实行监控制度，以实现生猪产品从原料到最终上市产品的全程质量与安全监控。各环节的经营者要针对生猪产品的形成和发展过程，在各个经营环节严格监控生猪产品的质量与安全状况，并规范各个经营环节在保障质量与安全方面的职责，以保证生猪产业链层面上的生猪产品质量与安全。

猪肉产品的质量与安全问题包括生猪品种质量问题、饲料质量与安全控制、饲养过程的质量与安全控制、猪肉产品加工品的质量与安全控制、猪肉产品流通过程的质量与安全控制。强化猪肉产品质量与安全管理，需要做好各环节质量与安全标准的建设工作、质量与安全信息的收集工作、质量与安全教育工作、质量与安全监督和检查工作等。

一、生猪品种质量监控与管理

我国畜禽遗传资源比较丰富，根据畜禽品种资源调查及2001年品种资源审定委员会审定，我国有畜禽品种和类群576个，约占全球已知畜禽品种的17%左右。1998年我国实施了畜禽种质资源保护和“畜禽良种工程”建设项目，抢救了一批濒危和濒临灭绝的珍稀品种，保存了大量原始品种和种质素材。自从新中国成立以来特别是改革开放以来，我国也培育出了一大批畜禽新品种和配套系。但总的来说，由于我国长期追求猪肉产品数量的增长，因而普遍存在着“重引进、轻培育，重改良、轻保护”的现象，结果造成品种混杂、资源流失现象严重。

近百年来，全世界范围内地方生猪品种数量都呈现出逐渐下降的趋势。在我国，据不完全统计，全国有约40%左右的地方品种群体数量有不同程度的下降。我国保护与选育生猪地方品种的指导思想是以市场为导向，认真贯彻“积极保护、合理利用、强化选育、提高质量”的方针，要努力实现资源常在、永续利用的目标。

在地方生猪品种经营和饲养经营中，要依法管好、用好地方生猪品种资源，认真贯彻执行《中华人民共和国畜牧法》《中华人民共和国进出境动植物检疫法》《中华人民共和国种畜禽管理条例》、农业部《种畜禽管理条例实施细则》和各级地方政府制定的种畜禽管理办法等法规，依法管理好、利用好品种资源。

二、饲料质量与安全的监控和管理

饲料经营处在生猪业产业链的产前环节，饲料是生猪产业经营的基础，也是生猪产业发展的命脉。我国近年来配合饲料工业发展迅速，各种各样的饲料产品日益增多，这为我国的生猪产业发展奠定了良好的基础。但是，饲料的质量与安全问题也不容忽视，必须引起高度的重视。只有保证了饲料的质量与安全，我国生猪产品的质量与安全才有了可靠的基础。1999年国务院就颁布了《中华人民共和国饲料和饲料添加剂管理条例》，在2001年又对其进行了修订，这是我国为保证饲料的质量与安全而对饲料生产进行管理的基本依据。

（一）对饲料原料质量的监控

饲料原料的质量是饲料产品质量的基础。在影响配合饲料产品的诸多因素中，对其原料的质量控制显得尤为重要。

首先，要按照《饲料和饲料添加剂管理条例》（2001年修订）的要求，制定经营企业的原料选择标准，严格控制原料的采购环节，在签订原料采购合同之前，最好对原料生产企业的状况及生产工艺有所了解。

其次，在原料储存期间还要进行质量控制，入库原料应按规定位置堆放整齐，高度和宽度要适当，要遵守“先进先出、推陈出新”的原则，每天对仓储的原料进行盘点、核对、检查，保持仓房通风干燥，并预防虫害、鼠害、鸟害的发生。

第三，对购进的原料在投入生产之前还要进行质量检验（比如，进行取样分析），一旦发现有质量问题，就应立即停止使用，查明原因并对原料另行处理。

（二）对饲料生产过程的监控

饲料生产过程主要包括清理、配料、粉碎、混合、制粒、包装这几个环节，其中的每一个环节都与饲料产品的质量密切相关。

清理就是对主原料进行清杂和除铁处理。配料时首先要对配料秤、成品包装秤等计量器具进行检验，这样才能保证对配料的各种成分能够精确把握。粉碎环节应选用适当规格的筛板，并经常检查筛板是否被损坏，这样才能保证粉碎的质量。为了保证饲料的混合均匀度，就应严格按照生产饲料产品所规定的混合成分和添加时间进行生产，并对饲料的混合均匀度进行定期检查。

混合之后就要进行制粒，制粒时应经常检查饲料产品的品质、外观、颗粒大小、气味等，力求最终压制出的颗粒符合饲料质量标准。最后还要进行包装，每个批次的成品都应校磅一次，每25包抽磅一次，抽磅次数应根据批量大小进行调整。饲料包装时，还要进行在包装前最后一次取样化验，包装袋必须标明饲料的生产日期和生产批号。

（三）对出厂后饲料产品的质量监控

饲料成品在仓库内的储存温度最好是低于20℃，储存期限不得超过一周，逾期应对饲料作回制处理。出厂后的饲料最好能在一周至两周内用完，最长不得超过三周。启封后（打开包装袋之后）的饲料应在当日或翌日用完，拆封后包装袋内的剩余饲料应隔绝空气，并置于阴凉通风处妥善保管。

三、生猪饲养过程的质量监控和管理

（一）保持生猪饲养环境卫生

保持良好的环境卫生，是对生猪饲养管理的基本要求。首先，生猪养殖场要科学选址，选择饲养场场址时，应根据养殖场综合经营方式、经营规模、生产特点、饲养管理方式等特点，对地势、地形、土质、水源以及居民点分布等条件进行全面的考察。

良好的养殖场环境条件标准包括：①保证饲养区域具有较好的小气候条件，这将有利于猪舍内空气环境的控制；②养猪场的环境要有利于严格执行各项卫生防疫制度和措施（比如，远离人群、远离生活居住区域、远离水源地、便于隔离等）；③养猪场的环境要便于组织生产，有利于提高饲养设备利用率和工作人员的劳动生产率。

其次，是养猪场内布局要合理。要在选好的场地上进行分区规划以确定各生产区域、建筑物布局等，这是建立良好的生猪饲养环境和组织高效率饲养的基础。养猪场分区规划时，应从人畜保健的角度出发，考虑地势和主风向，做到科学合理地安排，以保证生猪饲养场的生产经营便捷、卫生防疫状况良好。一般养猪场的建筑物以坐北向南为宜，各建筑物的布局应突出对土地的经济利用，还要尽量缩短运输距离，以便于生产经营。

第三，还要做好养猪场的环境保护工作。养猪场的环境保护工作既要防止生猪饲养场自身对周围环境的污染，又要避免周围环境对养猪场的危害。要合理规划生猪饲养场，做好饲养场废弃物的处理和综合利用。生猪饲养中的废弃物如粪尿、污水、病死猪等，都会对空气、水、土壤等造成一定的污染，因而必须对其妥善处理，以避免其产生对环境的危害。

（二）对生猪进行科学的饲养管理

科学的生猪饲养管理是维护猪群健康、增强生猪抗病能力、保持生猪正常的繁殖机能、不断提高生猪的生产性能所必需的基础工作。

科学的生猪饲养管理首先要根据不同种类生猪的生理特点和生物学习性，进行不同的饲养，还要根据生猪所处的不同生长阶段，科学安排饲养工作。其次要做好生猪日粮的合理搭配，不同种类的生猪有着不同的营养需要，同一种类的生猪在不同的生长阶段其营养需要也不相同。因此，日粮中精粗饲料的比例要适宜，力求做到营养平衡。第三还要坚持正确地饲养程序，科学合理地安排每天的饲喂次数和正确的饲喂顺序，不断提高生猪饲养的经济效益。另外，还要保证生猪获得充足的饮水，水是维系生猪正常的生理机能所必须获得的物质，饮水不足或水质不符合标准，都会影响到生猪的健康和生产性能。

（三）做好生猪保健工作

生猪是有生命力的活动物，在饲养管理中必须要做好其保健工作。首先要加强生猪检疫工作，特别是在规模化畜禽饲养中，必须要按照生猪饲养期的长短及流行病发病特点进行定期与不定期的检疫。其次要做好免疫接种工作，要做好生猪的定期预防接种，这是控制生猪疫病的最重要的（也是最基本的）措施。

另外，还应根据不同疾病及生猪的发病规律，做好疫病预防工作。具体的工作内容包括：①做好猪舍卫生，搞好饲养场周边的环境卫生，这有利于控制和切断传染源，要及时淘汰处理易感动物和带菌动物，并采取消毒、隔离、封锁等措施，从根本上控制疫情传染途径；②科学合理地使用抗病药物，为预防生猪疾病，可在饲料中添加某些药物（必须是符合《饲料和饲料添加剂管理条例》规定的）。实践证明这对遏制某些疾病是有效的，但这种措施不能根除疾病；③积极治疗普通常见病，这主要是针对影响生猪生产的某些普通疾病，但当遇到某些重大生猪疫情时，必须依法采取强制灭杀的措施。

总之，在生猪饲养经营中，要严格遵守《中华人民共和国畜牧法》《中华人民共和国种畜禽管理条例》《中华人民共和国动物防疫法》《中华人民共和国兽药管理条例》等法规，以确保生猪饲养过程的质量与安全。

四、生猪产品加工环节的质量监控和管理

生猪产品主要包括猪肉和猪内脏，生猪的副产品主要包括猪毛、猪皮、猪血、猪骨等，它们作为重要的工业原料，极大地促进了我国轻工业、制革工业、医药工业和饲料工业的发展。

在猪肉和猪内脏的加工过程中，经营企业必须要遵守2009年2月全国人大颁布的《中华人民共和国食品安全法》的规定，以确保加工猪肉产品的食用安全。首先，在处理和加工生猪产品前要进行认真地验收，生猪的来源不同，其检验项目也不尽相同。比如，对确知来源的生猪，检验时可以偏重感官检验；而对来源不定或情况不明的生猪，则应作详细检验和检查，以确保其不会形成食品安全的隐患。

其次，运输和储存也是生猪产品加工过程的必经环节。生猪产品如果运输和储存不善，则会在加工过程中造成很大的损失。

因此，应根据路途的远近选择适宜的运输工具和储存方式，选择最佳的运输线路，保持运输容器和储存空间的清洁，以防止食品安全事故的发生。

总之，生猪品加工企业必须按照《中华人民共和国食品安全法》的规定，严格监控生猪产品加工食品的质量和食品安全情况，以确保我国城乡居民的食品安全。

第三节　提高生猪产品质量与安全监管水平的建议

一、加强与动物防疫、兽药、动物源性食品安全相关的法规建设

在已经颁布的《中华人民共和国动物防疫法》《中华人民共和国进出境动植物检疫法》《中华人民共和国兽药管理条例》《中华人民共和国饲料和饲料添加剂管理条例》《中华人民共和国种畜禽管理条例》《中华人民共和国进出口商品检验法》《中华人民共和国食品安全法》等相关法律法规的基础上，进一步完善从饲养、生猪产品屠宰与加工、市场准入到完善的食品安全监督保障体系等方面的相关法律和法规建设。

另外，还要抓紧研究和制定与国际接轨的动物源性食品质量与安全标准，优先制定重大动物疫病防治技术规范、动物源性产品兽药残留限量、检测方法标准以及违禁药品速测方法标准，并着手制定转基因和动物性饲料检测方法标准等，并逐步提升现有的生猪产业生产资料标准和产品质量标准。

二、加强我国饲料标准体系建设

未来还要不断加强我国饲料标准体系建设，以规范饲料产业发展，并保障在饲料加工环节不产生对最终食用畜产品的质量构成威胁的安全隐患。

中华人民共和国农业部于 2007 年颁布了第 658 号公告，公布了我国的饲料添加剂目录，详见表 8－1。

表 8－1　中华人民共和国饲料添加剂品种目录

类别	通用名称	适用范围
氨基酸	L－赖氨酸盐酸盐、L－赖氨酸硫酸盐*、DL－蛋氨酸、L－苏氨酸、L－色氨酸	养殖动物
	蛋氨酸羟基类似物、蛋氨酸羟基类似物钙盐	猪，鸡和牛
	N－羟甲基蛋氨酸钙	反刍动物
维生素	维生素 A、维生素 A 乙酸酯、维生素 A 棕榈酸酯、盐酸硫胺（维生素 B_1）、硝酸硫胺（维生素 B_1）、核黄素（维生素 B_2）、盐酸吡哆醇（维生素 B_6）、维生素 B_{12}（氰钴胺）、L－抗坏血酸（维生素 C）、L－抗坏血酸钙、L－抗坏血酸－2－磷酸酯、维生素 D_3、α－生育酚（维生素 E）、α－生育酚乙酸酯、亚硫酸氢钠甲萘醌（维生素 K_3）、二甲基嘧啶醇亚硫酸甲萘醌*、亚硫酸烟酰胺甲萘醌*、烟酸、烟酰胺、D－泛酸钙、DL－泛酸钙、叶酸、D－生物素、氯化胆碱、肌醇、L－肉碱盐酸盐	养殖动物
矿物元素及其络合物	氯化钠、硫酸钠、磷酸二氢钠、磷酸氢二钠、磷酸二氢钾、磷酸氢二钾、轻质碳酸钙、氯化钙、磷酸氢钙、磷酸二氢钙、磷酸三钙、乳酸钙、七水硫酸镁、一水硫酸镁、氧化镁、氯化镁、六水柠檬酸亚铁、富马酸亚铁、三水乳酸亚铁、七水硫酸亚铁、一水硫酸亚铁、一水硫酸铜、五水硫酸铜、氧化锌、七水硫酸锌、一水硫酸锌、无水硫酸锌、氯化锰、氧化锰、一水硫酸锰、碘化钾、碘酸钾、碘酸钙、六水氯化钴、一水氯化钴、硫酸钴、亚硒酸钠、蛋氨酸铜络合物、甘氨酸铁络合物、蛋氨酸铁络合物、蛋氨酸锌络合物、酵母铜*、酵母铁*、酵母锰*、酵母硒*	养殖动物
	烟酸铬#、酵母铬*、蛋氨酸铬*、吡啶甲酸铬（甲基吡啶铬）*#	生长肥育猪
	硫酸钾、三氧化二铁、碳酸钴、氧化铜	反刍动物
	碱式氯化铜*#	猪和鸡

（续）

类别	通用名称	适用范围
酶制剂	淀粉酶（产自黑曲霉、解淀粉芽孢杆菌、地衣芽孢杆菌、枯草芽孢杆菌）、纤维素酶（产自长柄木霉、李氏木霉）、β-葡聚糖酶（产自黑曲霉、枯草芽孢杆菌、长柄木霉）、葡萄糖氧化酶（产自特异青霉）、脂肪酶（产自黑曲霉）、麦芽糖酶（产自枯草芽孢杆菌）、甘露聚糖酶（产自迟缓芽孢杆菌）、果胶酶（产自黑曲霉）、植酸酶（产自黑曲霉、米曲霉）、蛋白酶（产自黑曲霉、米曲霉、枯草芽孢杆菌）、支链淀粉酶（产自酸解支链淀粉芽孢杆菌）、木聚糖酶（产自米曲霉、孤独腐质霉、长柄木霉、枯草芽孢杆菌*、李氏木霉*）、半乳甘露聚糖酶（产自黑曲霉和米曲霉）*	指定的动物和饲料
微生物	地衣芽孢杆菌*、枯草芽孢杆菌、两歧双歧杆菌*、粪肠球菌、屎肠球菌、乳酸肠球菌、嗜酸乳杆菌、干酪乳杆菌、乳酸乳杆菌*、植物乳杆菌、乳酸片球菌、戊糖片球菌*、产朊假丝酵母、酿酒酵母、沼泽红假单胞菌	指定的动物
	保加利亚乳杆菌#	猪和鸡
非蛋白氮	尿素、碳酸氢铵、硫酸铵、液氨、磷酸二氢铵、磷酸氢二铵、缩二脲、异丁叉二脲、磷酸脲	反刍动物
抗氧化剂	乙氧基喹啉、丁基羟基茴香醚（BHA）、二丁基羟基甲苯（BHT）、没食子酸丙酯	养殖动物
防腐剂、防霉剂和酸化剂	甲酸、甲酸铵、甲酸钙、乙酸、双乙酸钠、丙酸、丙酸铵、丙酸钠、丙酸钙、丁酸、丁酸钠、乳酸、苯甲酸、苯甲酸钠、山梨酸、山梨酸钠、山梨酸钾、富马酸、柠檬酸、酒石酸、苹果酸、磷酸、氢氧化钠、碳酸氢钠、氯化钾、碳酸钠	养殖动物
着色剂	β-胡萝卜素、辣椒红、β-阿朴-8′-胡萝卜素醛、β-阿朴-8′-胡萝卜素酸乙酯、β，β-胡萝卜素-4，4-二酮（斑蝥黄）、叶黄素*、天然叶黄素（源自万寿菊）	家禽
	虾青素	水产动物

（续）

类别	通用名称	适用范围
调味剂和香料	糖精钠、谷氨酸钠、5′-肌苷酸二钠、5′-鸟苷酸二钠、血根碱、食品用香料	养殖动物
黏结剂、抗结块剂和稳定剂	α-淀粉、三氧化二铝、可食脂肪酸钙盐*、硅酸钙、硬脂酸钙、甘油脂肪酸酯、聚丙烯酸树脂Ⅱ、聚氧乙烯20山梨醇酐单油酸酯、丙二醇、二氧化硅、海藻酸钠、羧甲基纤维素钠、聚丙烯酸钠*、山梨醇酐脂肪酸酯、蔗糖脂肪酸酯、焦磷酸二钠*、单硬脂酸甘油酯*	养殖动物
多糖和寡糖	丙三醇*	猪，鸡和鱼
	低聚木糖（木寡糖）#	蛋鸡
	低聚壳聚糖#	猪和鸡
	半乳甘露寡糖#	猪，肉鸡和兔
	果寡糖、甘露寡糖	养殖动物
其他	甜菜碱、甜菜碱盐酸盐、天然甜菜碱、大蒜素、聚乙烯聚吡咯烷酮（PVP）、山梨糖醇、大豆磷脂、天然类固醇萨洒皂角苷（源自丝兰）、二十二碳六烯酸*、半胱胺盐酸盐#	养殖动物
	糖萜素（源自山茶籽饼）、牛至香酚*	猪和家禽
	乙酰氧肟酸	反刍动物

注：①*为已经获得进口登记证的饲料添加剂，在中国境内生产带*的饲料添加剂需办理新饲料添加剂证书。

②#为2000年10月后批准的新饲料添加剂。

三、加大对生猪饲料、兽药等投入品的监管力度

一般在动物用药上容易出现两个方面的问题。一是使用违禁用药，国内法规明确规定不能用于可食性动物的药品被违法使用，比如激素、ρ兴奋剂等；二是不合理用药，对可用于可食性动物的药品，不按休药期停药，滥用或频繁使用抗生素类药物等。这两种情况在现实饲养中都存在，在有地方的这类问题可能还相当严

重。各级政府必须对动物源性食品的安全问题给予高度重视，务必要保障消费者餐桌上的食品可以放心地食用，这事关人民的身体健康和社会的和谐稳定。

在具体工作中，要以查处无标签、无生产许可证、无产品合格证、无产品批准文号“四无”饲料添加剂和假劣兽药生产经营为重点，整顿和规范兽药市场、饲料市场，特别是要坚决打击非法生产经营假劣兽用生物制品以及走私兽用生物制品的行为。要以监控规模生猪养殖场为重点，严格执行兽药和饲料添加剂的安全使用准则，规范生猪养殖经营行为。还要以整顿生猪屠宰厂点为重点，强化生猪屠宰检疫和质量监督工作。要杜绝私屠滥宰，并严厉处罚严重违法和违规的经营企业和个人。

我国政府已经按照“预防为主、源头监管、全过程控制”的原则，对出口畜产品类食品的经营者实行了“公司＋基地＋标准化”的管理模式。对出口畜产品类食品的生产加工企业实行卫生注册和分类管理，对其中高风险的重点出口畜产品类食品企业实行驻厂检验检疫官制度；对出口畜产品类食品的种植养殖基地实行备案管理、疫情疫病监测和农兽药残留监控制度；在产地和口岸，还对出口畜产品类食品实行法定检验检疫、质量追溯与不合格产品召回制度和风险预警制度。未来我国国内市场销售的食用畜产品也应按照这一模式来逐步加强质量与安全的监管。

四、建立生猪产品标识和质量追溯制度

动物标识及可追溯体系是指对动物个体或群体进行标识，对有关饲养、屠宰加工等场所进行登记，对动物的饲养、运输、屠宰及动物产品的加工、储藏、运输、销售等环节相关信息进行记录，从而实现在发生疫情或出现质量与安全事件时，能对动物饲养及动物产品的生产、加工、销售等不同环节可能存在的问题进行有效的追踪和溯源，以利于及时发现和解决问题。

近年来，食源性公共卫生危机在全球范围内频繁发生，人畜共患病在一些国家和地区也反复发生和流行，这已经对人类健康

和经济社会协调发展造成了严重的威胁。动物卫生及动物产品安全问题已经成为各国政府、食品企业以及消费者高度关注的焦点问题。各国都将逐步建立动物标识与可追溯管理体系来作为规范生猪养殖行为，有效预防和控制重大动物疫病，提高动物卫生监管水平，保障动物产品质量与安全的重要措施。

我国未来也需要全面建立生猪产品标识和质量与安全追溯制度，并积极推广无公害生猪产品的认证工作。当前特别是要以推行耳标管理为突破口，大力推进生猪强制免疫制度。总之，我国要认真研究发达国家的畜产品标识和认证的规则和标准，制定和完善我国的动物产品标识体系、认证法规和管理制度，以利于我国生猪产品标识和质量与安全追溯制度的不断发展和完善，并最终构建成保障我国猪肉产品安全的有效屏障。

第九章

未来生猪产业的发展趋势与政策建议

第一节　我国生猪产业未来的发展趋势

一、生猪产业布局越来越向优势区集中

我国既是生猪生产大国，也是生猪消费大国。随着沿海地区产业结构调整步伐的加快，生猪产业也逐渐向内地区域调整，生猪养殖区域越来越与粮食主产区靠近，这符合生猪饲养区与饲料主产区（玉米、大豆等饲料原料主产区）邻近的原则，也有利于生猪产业的效率提高。

农业部依据饲料资源优势、生产基础优势、市场竞争优势和产品加工优势，确立了沿海地区生猪优势产区（包括江苏、浙江、广东和福建4省的55个基地县）、东北生猪优势产区（包括吉林、辽宁和黑龙江3省的30个基地县）、中部生猪优势产区（包括河北、山东、安徽、江西、河南、湖北和湖南7省的226个基地县）和西南生猪优势产区（包括广西、四川、重庆、云南、贵州5省、自治区、直辖市的126个基地县）。生猪产业优势区生猪存栏量占到全国总存栏量的50%以上，生猪出栏量占到全国总出栏量的60%左右。

在我国未来的生猪产业发展中，随着各种对于生猪产业优势区扶持政策的落实，优势区原有的资源优势、生产基础优势、市

场优势和加工优势会得到进一步发挥，优势区域在稳定我国生猪产业发展中将会发挥出越来越大的作用。

二、生猪生产的组织化程度会越来越高

鉴于我国实行以农户为基本经营单位的农村家庭经营基本制度和农村生猪养殖以家庭为基本经营单位的经营现实，未来我国生猪产业发展就要进一步加大对养猪合作社等产业化组织的扶持力度，提升生猪饲养环节的组织化程度与标准化程度，以促进我国生猪养殖稳定发展。

乡村的养猪合作社与大规模的企业化经营相比较，具有组织成本低、沟通协调成本低、内部环节少、运行费用低等优点。加之我国农户家庭养猪经营大多都实行种养结合，因此其排放的粪污基本上能够实现作为有机肥料还田，避免了由于粪污集中排放带来的乡村环境污染，这对于我国乡村生态环境保护是极其有益的。

另外，养猪农户实行种养结合，其使用的精饲料和青饲料、粗饲料大部分或全部来源于农户自产，不依赖于市场采购，这样就能减少经营中的流动资金占用，降低了实际经营成本，间接地增加了盈利的范围。同时，实行种养结合的农户，可以用农家肥代替化肥，这也节省了其从事种植业的化肥投入，降低种植业经营成本。

总之，未来各级政府可以通过政策引导等多种途径促进养猪农户实现组织化经营，以减少由于农户分散进行经营决策而带来的生猪养殖不稳定和猪肉价格的不稳定。同时，通过吸引养猪农户加入各类产业化经营组织（比如养猪合作社、乡村养猪协会等），也可以促进与养猪相关的科技成果向农户推广，向农户普及科学养猪知识、普及保障食品安全的知识和法规，从源头上实现对于生鲜猪肉安全的根本保障。

三、生猪产业的社会化服务水平将会不断提高

无论是分散经营的小规模种养结合的养猪农户，还是乡村

养猪合作社的经营组织，或是规模化养猪的专业化大型猪场，都需要社会化的服务体系为生猪产业提供规范的服务支撑。对于我国生猪产业体系中的微观经营主体——养猪农户，只有提供了良好的社会化服务，才能使他们更好地实现种养结合，才能有效地降低其养猪成本，才能促进其实现生态化健康养殖，才能实现养猪经营者与乡村环境的和谐，才能使生猪产业走上可持续发展的道路。因此，未来必须要发展生猪产业的社会化服务业，为农户养猪提供技术支持和服务保障，最终促使我国生猪产业稳定发展。

从生猪产业的稳定发展来看，未来必须提升良种繁育的社会化服务程度，挖掘地方特色生猪品种资源，不断培育地方特色新品种的社会化服务，具有中国各地特色的饲料社会化服务，便利的动物防疫社会化服务，兽医兽药的社会化服务，便利的生猪销售社会化服务以及生猪屠宰加工社会化服务。只有这些社会化服务平台不断建立和完善，才能保障我国生猪产业的稳定和健康发展。

在我国保障人民食品安全的宏观战略中，首先是要满足群众的粮食需求（这是人类生存的基本保障）；其次，就是要保障人们的猪肉消费需求，这是人们获取动物蛋白质的最重要来源。基于此，我国政府为了保障粮食生产稳定增长，已经将粮食产品部分的作为公共产品来看待，为种粮农户提供了种粮补贴等多种补贴。那么对于猪肉这类我国人民获取动物蛋白质的最重要来源产品，政府也应该部分的将其作为公共产品看待，对其产业发展提供基础性的扶植，以确保其稳定增长，进而保障我国社会经济的和谐发展。

因此，我国生猪产业的社会化服务投入应以政府的财政投入为主（不能以追求最大利润为目标），生猪产业社会化服务的宗旨就是促进我国生猪产业的健康稳定发展，保障部分具有公共产品的性质猪肉产品的稳定供给，最终保障我国人民全面实现食品安全（数量上的安全、质量上的安全、结构上的安全）。

四、调控生猪生产和价格的周期性变动将是长期的任务

生猪是我国仅次于粮食的重要的大宗农产品，也是最主要的“菜篮子”农产品。伴随着生猪产业的发展以及人们消费需求的不断升级，生猪生产起起落落，价格也频繁波动，这既不利于实现农民增收，也对不利于保障人们的消费安全。

生猪生产与价格的波动由于受到我国人民消费习惯（节庆期间集中消费等）和气候变化（天气冷时消费多、天气暖时消费少等）等因素的影响，在每一年度内会有自然的波动，这属于正常的波动，不会对生猪产业带来过大的影响。但是大幅度的、几年一个周期的价格暴涨与暴跌、生产忽而膨胀忽而锐减的波动，以及由于动物疫病等因素带来的对于生猪养殖业的沉重打击，却会使我国生猪产业发展受到重创，这是我国各级政府在对生猪产业进行管理调控时必须要面对的现实。

针对我国生猪产业发展的现状，科学合理地调控我国生猪生产和价格的周期性变动将是长期的任务，不可能在很短的时期内完成。只有在我国生猪产业布局不断向优势区集中并日益显示出其集中优势，农户生猪饲养的组织化程度越来越高并能在稳定生猪饲养与供应中起到足够的支撑作用，我国各级政府扶植的生猪产业的社会化服务平台日渐完善、服务水平不断提高并且足以扶助生猪产业科学经营、盈利稳定时，调控我国生猪生产和价格的周期性变动，实现我国生猪生产和价格基本稳定的目标才能真正实现。

五、推进我国猪肉质量安全追溯体系建设将是必然趋势

为了保障我国的猪肉食用安全，必须建立具有中国特色的猪肉质量安全追溯体系，这一体系应包括两个层次。其一是管理层次，各级政府机构建立猪肉质量安全追溯体系的目标是一旦发现

猪肉质量安全问题，就能找到承担责任的主体，以利于提高其管理和执法的效率，并且对于猪肉质量安全问题或事件展示给社会一个有所作为的表现；另一层次是企业经营层次，企业经营的目的是要获取利润，如果企业主动投资建设猪肉质量安全追溯体系，那么其投资一定会有回报，或是由于实现了产品质量安全可追溯因而获得了新的订单或市场（比如我国的大部分畜产品出口加工企业都有积极性主动建立质量安全可追溯体系），或是由于实现了产品质量安全可追溯因而赢得了更多的消费者的信任，品牌知名度和美誉度都在提高，因而扩大了其市场占有率和单位产品盈利率。总之，企业只有在建设猪肉质量安全追溯体系可以增加其盈利总量时，才会主动投资建设猪肉质量安全追溯体系。

我国的猪肉质量安全体系建设目前还处在初级阶段。管理层次的（各级政府机构建立的）猪肉质量安全追溯体系建设也还未完成，企业经营层次的（企业出于获取更大经济利益而建设的）猪肉质量安全追溯体系建设也因企业经营处境的不同而有所不同，从事猪肉出口加工的企业积极性较强，在国内的具有知名品牌的企业也具有积极性，而大多数不具有知名品牌的企业至今还没有积极性。

但从我国生猪产业未来的发展趋势来看，在保障了猪肉产品数量供应稳定之后，人民群众对于猪肉产品的质量安全的要求必然会越来越高，而且猪肉产品的质量安全问题确实也关乎到我国人民的基本消费安全。只有既保障猪肉产品的数量安全，又保障猪肉产品的质量安全，才能说我国生猪产业是健康发展的。因此，各级政府应针对当前我国生猪产业发展的现实，通过政策引导等多种途径，在两个层次上尽早促进猪肉质量安全追溯体系建设的不断完善，以提高我国猪肉产品质量安全的监控水平，保障全社会有一个良好的猪肉消费环境，促进我国实现猪肉消费安全稳定→屠宰加工安全可追溯→饲养经营安全可追溯→原料及兽药来源安全可追溯。这样，才能实现生猪产业在经营与市场消费之间的和谐互动、稳定发展。

六、强化生猪养殖环节的粪污处理势在必行

目前我国畜牧产业因养殖数量最多、发展速度快、排放粪污量最大，因而污染情况更为严重。面对生猪产业不断发展伴随而来的污染形势倍加严峻的现实，着手解决这一问题已经刻不容缓。如果说动物疫病影响的是经营者的效益，那么粪污带来的环境污染问题已关系到生猪养殖者的生存环境问题，以及我国农产品的基本种养殖环境的安全问题。这一问题如不解决，我国将无法保障几乎所有农产品的生产环境安全问题，当然食品安全问题也就失去了保障的基础。

因此，生猪养殖的污染治理问题已得到社会的广泛关注，我国各级政府针对养殖场的污染也出台了各种相关的法律和法规。2014 年 1 月 1 日国务院颁布执行的《畜禽规模养殖污染防治条例》就是解决这一问题的基本法规。《畜禽规模养殖污染防治条例》制定的目的就是为了防治畜禽养殖污染，推进畜禽养殖废弃物的综合利用和无害化处理，保护和改善乡村环境，保障社会公众的身体健康，促进我国畜牧业持续的健康发展。以这一条例为指针，我国对于生猪养殖的粪污处理问题也必将开始走上综合治理之路。

我国民间对于生猪粪污治理有很好的经验，在没有化肥的年代，农户养猪曾经是促进粮食增产的必备手段。因为猪是杂食性的，因而那时农户养猪喂的是野菜、野草、麸皮和剩饭，而产出的猪粪则是农田的优良有机肥。但是，随着化肥的广泛使用和农村劳动力的减少，再加上国家为了促进粮食增产而对化肥工业实施优惠政策，使得廉价的化肥替代了有机肥，加之化肥施用简便而有机肥施用费工费力，结果猪粪就从优质有机肥变成了乡村污染源。

现在，我们必须面对现实重新考虑生猪养殖所产生粪污的处理路径问题。具体的处理路径无外乎这样几类：猪粪堆肥发酵后作为有机肥料施入农田（适合于实行种养结合的小农户）、猪粪与

秸秆等混合产生沼气后再将沼渣和沼液作为肥料使用（适合于经济较发达地区同时又有能源需求的乡村）、投资兴建粪污综合处理设施处理猪粪（适合于资本实力雄厚的大中型规模化生猪饲养机构）。

各级政府只有在几种粪污处理路径上分别制定政策，引导生猪饲养主体积极处理粪污，才能取得切实的效果。以往国家已经投入大量资金研究养猪场粪污处理专题，国家财政对养猪业的粪污治理也投入了大量的资金，但是全国范围内生猪场粪污处理的哪种路径都没有很好地落到实处，粪污处理率依然不高。因此，只有针对性的制定引导政策，并将政策落到实处，才可能取得良好的效果。

比如，以往补贴规模饲养企业处理粪污投入了大量的财政资金，但实际效果并不好，因为有设备建设补贴而没有设备运营补贴，由于设备运营成本过高，因而企业虽然有设备但是能不用就不用、能少用就少用，结果没有起到应有的效果。如果换一种补贴方式，是要求企业自己投资建设粪污处理设施，政府只补贴一部分运营费用，多处理多补贴，那么可能投入同样多的财政资金而设备的利用率就会高，治理污染的效果就会好。

再比如，如果政府把以往对规模饲养企业处理粪污的财政补贴用到补贴种养殖农户身上，鼓励他们大量积肥（积肥越多获得补贴越多），并通过施用有机肥料来替代化肥，在处理了粪污的同时也培肥了地力，这样就能够在取得生猪粪污资源化利用的同时，切实地改善了乡村的生态环境，极大地减少污染源，这对于乡村的持续发展和保障我国粮食稳产高产都会有极大的现实意义。

总之，我国强化生猪养殖环节的粪污处理势在必行，只有解决好生猪养殖环节的粪污处理问题，才能为我国生猪产业的健康发展和可持续发展奠定基础，也才能为我国乡村环境健康发展尽到应有的责任。

第二节　促进我国生猪产业发展的政策建议

一、建立健全有关生猪产业信息的政府公共信息服务平台

准确、公开、权威的生猪产业信息是经营者形成合理预期的重要依据，也各级政府指导实施宏观调控的重要依据，其对生猪产业平稳发展的作用有时会大于有限的政策财政补贴，这也是各级政府出手干预生猪市场之前必备的客观信息资源。

目前国内提供生猪生产和猪肉价格信息的渠道很多，但是权威性不足，正确的引导生产经营行为更是谈不上。有关生猪类产品的动态消费信息基本没有数据渠道，因而，在引导经营者判断未来的供求形势方面还存在缺陷。

因此，未来应逐步建立由各地政府主导的有关生猪生产、猪肉价格和相关消费信息的权威信息发布平台，动态发布生猪生产、价格、库存、消费趋势等数据，为生猪产业经营者提供科学全面的决策依据，为消费者理性消费提供科学引导，促进生猪市场的供需平衡。

另外，对于生猪疫情疫病信息也要做到及时发布，在关键时点提前做出预警，并科学指导生猪养殖者合理应对疫情和疫病，稳定我国生猪的存栏量和出栏量，促进生猪市场稳定供给，保障我国人民猪肉产品消费的数量安全和质量安全。

二、支持不同规模的生猪养殖主体发展，促进中小规模养殖农户组织化

鉴于我国生猪产业发展的现实（以农户中小规模生猪养殖为主体，大规模生猪养殖机构粪污处理成本过高），我国各级政府应分别对于不同规模的养殖者同时提供政策支持，在生猪主产区要尽量避免在政策扶植时的规模歧视。如果我国的生猪产业在养殖

环节的政策支持能够像在粮食主产区的种粮补贴那样均等和公平，那将能极大地促进我国生猪产业的稳定发展，也将有利于种植业和养殖业相结合的乡村粪污资源化利用（生猪养殖粪污堆肥后再还田，在资源化利用粪污的同时减少化肥的施用量）的普及和推广。这样，生猪养殖将成为我国种植业发展的促进者，而不是乡村环境的污染者。

针对以中小规模生猪养殖农户为主体的我国生猪养殖大军，政府应着力引导他们组织起来，构建生猪养殖合作社或是生猪养殖协会等组织，以减少由于农户分散进行经营决策而带来的生猪养殖不稳定和猪肉价格的不稳定。同时，通过吸引养猪农户加入各类养猪经营组织，也可以促进与生猪养殖相关的科技成果向农户推广，向农户普及科学养猪知识，普及保障食品安全的知识和法规，倡导和带动他们实现种植业与养殖业相结合，减少农田的化肥投入，实现种养殖业循环经营，促进乡村产业低碳化发展。

另外，通过促进生猪养殖农户组织化，也有利于在生猪养殖环节统一防疫、统一投入物标准（饲料原料、配合饲料等）、规范兽药使用、规范猪舍建设、集中统一生猪销售等。生猪养殖农户组织化对于各级政府强化生猪产业的管理和调控十分有利，可以极大地降低管理和调控的成本，提高管理和调控的实际效率。

从避免生猪产业带来环境污染的角度来看，通过立法适当控制生猪养殖场的规模和在同一地区的发展密度十分必要。2007 年之后，由于国家对于养猪业的支持政策和对于兴办规模猪场的鼓励政策，部分社会资本开始尝试进入生猪产业。生猪产业进入没有门槛、技术要求也不高，优惠政策的吸引促使某些地区的规模养猪场急速发展，而可能带来的环境污染问题却鲜有人关注。国家对于生猪产业的调控不能仅限于促进规模猪场的发展而忽略规模猪场带来的污染，只有全面权衡利弊（养猪的效率、带来污染的程度、化解污染的代价、促进了农民增收还是仅仅是投资人获得了利益等）才能做出科学的判断。总之，生猪产业和农业产业一样，带有很大的公益性，因此决不能以某一方面的收益来取代综合利益的权衡，适当限制生猪养殖场的饲养规模和在某一地区的发展密度是十分必要的。

三、继续加大对于生猪疫病防控的财政支持力度

由于目前我国主流生猪品种偏重于追求高生产性能和高瘦肉率，因而也就导致目前的商品猪抗逆性有所下降。在生猪养殖基础设施相对落后、养殖管理水平偏低、科学饲喂方式还没有完全普及的情况下，必然会导致生猪疫病增多，死亡和淘汰率增加。因此，各级政府要继续加大对于生猪疫病防控的财政支持力度，以满足我国生猪疫病防控的现实需求，力争通过加强疫病防控、降低生猪的死亡和淘汰率，来最终实现我国生猪存栏量与出栏量的稳定。

最近几年来，每年冬春季节气温偏低，养猪设施较差的散养户仔猪流行性腹泻大面积发生，结果造成大量仔猪死亡，引发了阶段性生猪市场供应偏紧，进而引起生猪市场的较大幅度波动，这极大地影响了我国生猪产业的稳定发展。因此，各地应加快建立健全生猪疫病防控体系，加强生猪免疫，加强疫情监测和流行病学调查，针对频繁出现的生猪疫情及时提出解决方案，减少生猪的死亡率和淘汰率。同时，也要强化生猪疫情预警，并针对气候情况提前引导农户采取有针对性的饲养管理技术方案，降低仔猪疫病发生的风险，促进养猪农户减少经济损失，也促进我国生猪产业稳定发展。

四、建立国家生猪产业冻肉储备调控基金，增强冻猪肉储备能力

目前在生猪调控预案实施过程中，中央财政资金投入属于年度预算范围，每一次实施冻肉收储措施时，均要经过多道审批程序，收储资金才能安排到位，这不符合市场调控所要求的准确、及时、快速要求。因此，建议尽快设立国家生猪产业冻肉储备调控基金，并逐渐扩大基金的规模。

生猪养殖和猪肉消费每一年度都会各自有正常的波动，但生猪出栏和猪肉消费的波动未必合拍，比如在生猪出栏的旺季进行冻肉储存以应对每年元旦和春节前后的消费高峰就是例证。另外，冻肉储备必须能够应对由于突发疫情而造成的供需缺口，以及由于各种意外的灾害和风险带来的市场供给不足。

市场猪肉价格处在低谷是最好的冻猪肉收储时期，这样既能降低收储猪肉的成本，也有利于稳定猪肉市场价格，但是猪肉价格的低谷有时是难以准确预知的。因此，收储资金的支付必须满足准确、及时、快速的要求。我国冻猪肉储备调控基金应能够覆盖100万吨冻猪肉的储备水平，在冻猪肉储备调控基金的运作方式上，必须要遵循公开、透明、公益的原则，以确保冻猪肉储备能发挥出其应有的实际保调控效果。

五、从生猪产业链源头入手，保障生猪产品质量安全，制定生猪的基本动物福利标准

近年来，以“瘦肉精事件”等为主的生猪产品质量安全事件时有发生，对广大消费者的身体健康造成了不同程度的危害。此外，我国生猪产品在出口国际市场上也由于受到质量安全方面的质疑和遭遇动物福利制度方面的贸易壁垒而受到限制。

解决这些问题的有效途径就是要从生猪产业链的源头抓起，即从生猪产业链的源头入手开始全产业链监控，来实现我国生猪产品的质量安全。首先，我们需要建立生猪产品溯源制度，分别不同层次引导建立对生猪产品的可追溯体系；其次，我们需要引导生猪养殖农户合理使用兽药和饲料添加剂，着力解决兽药残留问题和饲料添加剂超标等问题；最后，为适应我国生猪产业可持续发展的要求以及生猪产品进入国际市场的要求，我国生猪产业还必须关注生猪的动物福利问题，并着手制定基本的生猪动物福利标准，引导生猪产业健康养殖、按照动物福利的要求屠宰加工。

对于大规模生猪养殖机构要率先倡导基于环境友好、健康养殖、保障食物安全的符合动物福利标准的养殖方式，鼓励它们发

展猪肉的自有品牌，在生猪市场中率先以高标准、高质量、符合动物福利标准的猪肉产品来进军高档猪肉的消费市场。大规模生猪养殖企业不能与中小规模的生猪饲养农户一起竞争猪肉的基本市场，而应通过品牌建设（比如倡导健康养殖、满足动物福利要求、高标准地保障猪肉产品的质量安全、建立诚信的全程可追溯体系等）来实现其猪肉产品的高档化，并以优质高价来吸引高收入人群对自身产品的关注，打破我国猪肉市场均一化的基本格局，促进我国猪肉市场差别化消费的形成。

六、提高我国生猪养殖的机械化水平

当前我国生猪养殖的设备与设施标准化程度低，这不利于提高我国生猪产业的养殖效率。生猪养殖的设备与设施标准化程度低，就使生猪饲养中需要数量较多的人力投入，而且人力劳动还多为重体力劳动。当前在我国乡村，一方面由于外出择业者增加而使留在乡村的劳动力数量减少，形成了生猪饲养雇用劳动力的困难；另一方面也由于生猪养猪劳动过于繁重，因而劳动力工资上涨，这就阻碍了生猪养猪规模的扩大（因为雇用劳动力会影响到养殖的获利水平）。我国未来生猪养殖环节（养殖农户或规模养殖场）也必须走设备与设施标准化的路径，这样就可以使劳动力摆脱繁重的体力劳动，节约由于雇用劳动力而增加的经营费用，提高养殖环节的经营收益。

从发达国家的经验来看，由于其生猪养殖设施与设备的标准化程度高，因而容易实现生猪饲养的机械化和自动化，这样就可以使用很少的劳动者数量，而经营较大规模的生猪养殖场，从而实现比较高的经营效率。这是我国未来生猪产业发展的方向，即便是农户的百余头生猪养殖场，实现了机械化也能极大地提高经营效率，同时机械化也有利于促进生猪养殖的规范化和标准化，这对于我国生猪产业的稳定发展十分有利。

参考文献

邓蓉，王伟．2007. 论我国生猪价格的形成及稳定猪肉价格的对策．现代化农业（12）．

邓蓉，阎晓军．2012. 关于我国的生猪养殖区域发展再探讨．现代化农业（9）．

刁兵，鲁兴容．2010. 重庆市生猪产业链利益分配解析．中国畜禽种业（1）．

国晶，邓蓉．2010. 关于我国猪肉市场的调查分析．现代化农业（6）．

姜楠，韩一军．2008. 猪肉价格形成过程及利益分配情况调研报告．中国猪业（6）．

雷仙云，侯思远，常毅．2013. 中国生猪产业集聚状况及其影响因素分析．中国畜牧杂志（10）．

李桦，郑少锋，郭亚军．2007. 我国生猪不同饲养方式生产成本变动分析．西北农林科技大学学报（1）．

刘春芳，王济民．2010. 中国生猪产业发展现状与展望．农业展望（3）．

卢凤君，张琳，刘晓峰．2006. 国内外生猪产业链的对比分析．猪业科学（2）．

卢凤君，彭涛，朱鹤岩，等．2009. 中国生猪健康养殖业发展的战略思考．中国畜牧兽医（9）．

罗杰，王伟杰，刘晋，等．2008. 国家扶持生猪养殖政策执行情况及建议．宏观经济管理（6）．

马闯．2013. 中国养猪业面临战略转型．科学养殖（5）．

毛胧程．2007. 猪价上涨背后的思考．北方牧业（7）．

聂凤英，张学彪．2010. 中英猪肉贸易协议对国内猪肉市场的影响分析．农产品市场周刊（6）．

宁攸凉，乔娟，王慧敏．2011. 生猪产业支持政策评价及影响因素分析．猪业科学（6）．

彭涛，卢凤君，李晓红，等．2009. 我国生猪价格波动形成与控制的系统分析. 华南农业大学学报（2）．

綦颖，吕杰，宋连喜.2007. 生猪价格波动的经济学分析．中国畜牧杂志（2）.

Robin D'Arcy，Gary Storey. 2000. 中国生猪周期理论与模式评估．中国一加拿大瘦肉型猪项目（北京项目办公室）（6）.

石有龙.2013. 生猪政策体系和生产形势分析．基层农技推广（1）.

司智陟.2010. 2009 年我国及世界猪肉贸易分析．养猪（2）.

孙政才.2008. 农业农村改革发展 30 年．北京：中国农业出版社.

王乐，邓蓉.2012. 辽宁省生猪生产发展分析．北京农学院学报（4）.

王林云.2006. 资源利用与养猪业的发展战略（上）．农业知识（2）.

王林云.2006. 资源利用与养猪业的发展战略（下）．农业知识（3）.

吴学兵，乔娟.2012. 不同饲养规模下的生猪区域优势分析．中国畜牧杂志（14）.

辛翔飞，王祖力，王济民.2011. 国外农产品支持政策对我国生猪补贴的借鉴. 中国畜牧杂志（8）.

薛华.2009. 浅析猪粮比价与饲养收益．河南畜牧兽医（8）.

闫晓军，邓蓉，孙伯川.2007. 中国畜产品生产成本与收益分析．北京：中国农业出版社.

闫振宇，陶建平，徐家鹏.2012. 中国生猪生产的区域效率差异及其适度规模选择．经济地理（7）.

杨朝英，徐学荣.2008. 中国生猪生产支持政策对价格调控的有效性分析．农业现代化研究（9）.

叶颖.2013. 养猪企业发展战略分析．中国畜牧兽医文摘（4）.

张富.2012. 我国生猪生产波动与预警调控．北京：中国农业科学院研究生院.

张磊，常来发.2009. 北京市猪肉产业链各环节成本收益分析．肉类工业（1）.

张守莉，郭庆海，王桂霞.2011. 我国生猪产业发展研究述评．农业经济（8）.

张兴华.2011. 新一轮猪肉价格波动的特点与宏观调控．宏观经济管理（10）.

张振，乔娟.2011. 中国生猪生产布局影响因素实证研究——基于省级面板数据．统计与信息论坛（8）.

附录1　畜禽规模养殖污染防治条例

中华人民共和国国务院令

第643号

《畜禽规模养殖污染防治条例》已经2013年10月8日国务院第26次常务会议通过，现予公布，自2014年1月1日起施行。

总理　李克强

2013年11月11日

第一章　总　　则

第一条　为了防治畜禽养殖污染，推进畜禽养殖废弃物的综合利用和无害化处理，保护和改善环境，保障公众身体健康，促进畜牧业持续健康发展，制定本条例。

第二条　本条例适用于畜禽养殖场、养殖小区的养殖污染防治。

畜禽养殖场、养殖小区的规模标准根据畜牧业发展状况和畜禽养殖污染防治要求确定。

牧区放牧养殖污染防治，不适用本条例。

第三条　畜禽养殖污染防治，应当统筹考虑保护环境与促进畜牧业发展的需要，坚持预防为主、防治结合的原则，实行统筹规划、合理布局、综合利用、激励引导。

第四条　各级人民政府应当加强对畜禽养殖污染防治工作的组织领导，采取有效措施，加大资金投入，扶持畜禽养殖污染防治以及畜禽养殖废弃物综合利用。

第五条　县级以上人民政府环境保护主管部门负责畜禽养殖污染防治的统一监督管理。

县级以上人民政府农牧主管部门负责畜禽养殖废弃物综合利用的指导和服务。

县级以上人民政府循环经济发展综合管理部门负责畜禽养殖循环经济工作的组织协调。

县级以上人民政府其他有关部门依照本条例规定和各自职责，负责畜禽养殖污染防治相关工作。

乡镇人民政府应当协助有关部门做好本行政区域的畜禽养殖污染防治工作。

第六条　从事畜禽养殖以及畜禽养殖废弃物综合利用和无害化处理活动，应当符合国家有关畜禽养殖污染防治的要求，并依法接受有关主管部门的监督检查。

第七条　国家鼓励和支持畜禽养殖污染防治以及畜禽养殖废弃物综合利用和无害化处理的科学技术研究和装备研发。各级人民政府应当支持先进适用技术的推广，促进畜禽养殖污染防治水平的提高。

第八条　任何单位和个人对违反本条例规定的行为，有权向县级以上人民政府环境保护等有关部门举报。接到举报的部门应当及时调查处理。

对在畜禽养殖污染防治中作出突出贡献的单位和个人，按照国家有关规定给予表彰和奖励。

第二章　预　　防

第九条　县级以上人民政府农牧主管部门编制畜牧业发展规划，报本级人民政府或者其授权的部门批准实施。畜牧业发展规划应当统筹考虑环境承载能力以及畜禽养殖污染防治要求，合理布局，科学确定畜禽养殖的品种、规模、总量。

第十条　县级以上人民政府环境保护主管部门会同农牧主管

部门编制畜禽养殖污染防治规划，报本级人民政府或者其授权的部门批准实施。畜禽养殖污染防治规划应当与畜牧业发展规划相衔接，统筹考虑畜禽养殖生产布局，明确畜禽养殖污染防治目标、任务、重点区域，明确污染治理重点设施建设，以及废弃物综合利用等污染防治措施。

第十一条 禁止在下列区域内建设畜禽养殖场、养殖小区：

（一）饮用水水源保护区，风景名胜区；

（二）自然保护区的核心区和缓冲区；

（三）城镇居民区、文化教育科学研究区等人口集中区域；

（四）法律、法规规定的其他禁止养殖区域。

第十二条 新建、改建、扩建畜禽养殖场、养殖小区，应当符合畜牧业发展规划、畜禽养殖污染防治规划，满足动物防疫条件，并进行环境影响评价。对环境可能造成重大影响的大型畜禽养殖场、养殖小区，应当编制环境影响报告书；其他畜禽养殖场、养殖小区应当填报环境影响登记表。大型畜禽养殖场、养殖小区的管理目录，由国务院环境保护主管部门商国务院农牧主管部门确定。

环境影响评价的重点应当包括：畜禽养殖产生的废弃物种类和数量，废弃物综合利用和无害化处理方案和措施，废弃物的消纳和处理情况以及向环境直接排放的情况，最终可能对水体、土壤等环境和人体健康产生的影响以及控制和减少影响的方案和措施等。

第十三条 畜禽养殖场、养殖小区应当根据养殖规模和污染防治需要，建设相应的畜禽粪便、污水与雨水分流设施，畜禽粪便、污水的贮存设施，粪污厌氧消化和堆沤、有机肥加工、制取沼气、沼渣沼液分离和输送、污水处理、畜禽尸体处理等综合利用和无害化处理设施。已经委托他人对畜禽养殖废弃物代为综合利用和无害化处理的，可以不自行建设综合利用和无害化处理设施。

未建设污染防治配套设施、自行建设的配套设施不合格，或者未委托他人对畜禽养殖废弃物进行综合利用和无害化处理的，畜禽养殖场、养殖小区不得投入生产或者使用。

畜禽养殖场、养殖小区自行建设污染防治配套设施的，应当确保其正常运行。

第十四条　从事畜禽养殖活动，应当采取科学的饲养方式和废弃物处理工艺等有效措施，减少畜禽养殖废弃物的产生量和向环境的排放量。

第三章　综合利用与治理

第十五条　国家鼓励和支持采取粪肥还田、制取沼气、制造有机肥等方法，对畜禽养殖废弃物进行综合利用。

第十六条　国家鼓励和支持采取种植和养殖相结合的方式消纳利用畜禽养殖废弃物，促进畜禽粪便、污水等废弃物就地就近利用。

第十七条　国家鼓励和支持沼气制取、有机肥生产等废弃物综合利用以及沼渣沼液输送和施用、沼气发电等相关配套设施建设。

第十八条　将畜禽粪便、污水、沼渣、沼液等用作肥料的，应当与土地的消纳能力相适应，并采取有效措施，消除可能引起传染病的微生物，防止污染环境和传播疫病。

第十九条　从事畜禽养殖活动和畜禽养殖废弃物处理活动，应当及时对畜禽粪便、畜禽尸体、污水等进行收集、贮存、清运，防止恶臭和畜禽养殖废弃物渗出、泄漏。

第二十条　向环境排放经过处理的畜禽养殖废弃物，应当符合国家和地方规定的污染物排放标准和总量控制指标。畜禽养殖废弃物未经处理，不得直接向环境排放。

第二十一条　染疫畜禽以及染疫畜禽排泄物、染疫畜禽产品、病死或者死因不明的畜禽尸体等病害畜禽养殖废弃物，应当按照有关法律、法规和国务院农牧主管部门的规定，进行深埋、化制、焚烧等无害化处理，不得随意处置。

第二十二条 畜禽养殖场、养殖小区应当定期将畜禽养殖品种、规模以及畜禽养殖废弃物的产生、排放和综合利用等情况，报县级人民政府环境保护主管部门备案。环境保护主管部门应当定期将备案情况抄送同级农牧主管部门。

第二十三条 县级以上人民政府环境保护主管部门应当依据职责对畜禽养殖污染防治情况进行监督检查，并加强对畜禽养殖环境污染的监测。

乡镇人民政府、基层群众自治组织发现畜禽养殖环境污染行为的，应当及时制止和报告。

第二十四条 对污染严重的畜禽养殖密集区域，市、县人民政府应当制定综合整治方案，采取组织建设畜禽养殖废弃物综合利用和无害化处理设施、有计划搬迁或者关闭畜禽养殖场所等措施，对畜禽养殖污染进行治理。

第二十五条 因畜牧业发展规划、土地利用总体规划、城乡规划调整以及划定禁止养殖区域，或者因对污染严重的畜禽养殖密集区域进行综合整治，确需关闭或者搬迁现有畜禽养殖场所，致使畜禽养殖者遭受经济损失的，由县级以上地方人民政府依法予以补偿。

第四章　激励措施

第二十六条 县级以上人民政府应当采取示范奖励等措施，扶持规模化、标准化畜禽养殖，支持畜禽养殖场、养殖小区进行标准化改造和污染防治设施建设与改造，鼓励分散饲养向集约饲养方式转变。

第二十七条 县级以上地方人民政府在组织编制土地利用总体规划过程中，应当统筹安排，将规模化畜禽养殖用地纳入规划，落实养殖用地。

国家鼓励利用废弃地和荒山、荒沟、荒丘、荒滩等未利用地开展规模化、标准化畜禽养殖。

畜禽养殖用地按农用地管理，并按照国家有关规定确定生产设施用地和必要的污染防治等附属设施用地。

第二十八条　建设和改造畜禽养殖污染防治设施，可以按照国家规定申请包括污染治理贷款贴息补助在内的环境保护等相关资金支持。

第二十九条　进行畜禽养殖污染防治，从事利用畜禽养殖废弃物进行有机肥产品生产经营等畜禽养殖废弃物综合利用活动的，享受国家规定的相关税收优惠政策。

第三十条　利用畜禽养殖废弃物生产有机肥产品的，享受国家关于化肥运力安排等支持政策；购买使用有机肥产品的，享受不低于国家关于化肥的使用补贴等优惠政策。

畜禽养殖场、养殖小区的畜禽养殖污染防治设施运行用电执行农业用电价格。

第三十一条　国家鼓励和支持利用畜禽养殖废弃物进行沼气发电，自发自用、多余电量接入电网。电网企业应当依照法律和国家有关规定为沼气发电提供无歧视的电网接入服务，并全额收购其电网覆盖范围内符合并网技术标准的多余电量。

利用畜禽养殖废弃物进行沼气发电的，依法享受国家规定的上网电价优惠政策。利用畜禽养殖废弃物制取沼气或进而制取天然气的，依法享受新能源优惠政策。

第三十二条　地方各级人民政府可以根据本地区实际，对畜禽养殖场、养殖小区支出的建设项目环境影响咨询费用给予补助。

第三十三条　国家鼓励和支持对染疫畜禽、病死或者死因不明畜禽尸体进行集中无害化处理，并按照国家有关规定对处理费用、养殖损失给予适当补助。

第三十四条　畜禽养殖场、养殖小区排放污染物符合国家和地方规定的污染物排放标准和总量控制指标，自愿与环境保护主管部门签订进一步削减污染物排放量协议的，由县级人民政府按照国家有关规定给予奖励，并优先列入县级以上人民政府安排的环境保护和畜禽养殖发展相关财政资金扶持范围。

第三十五条　畜禽养殖户自愿建设综合利用和无害化处理设

施、采取措施减少污染物排放的，可以依照本条例规定享受相关激励和扶持政策。

第五章　法律责任

第三十六条　各级人民政府环境保护主管部门、农牧主管部门以及其他有关部门未依照本条例规定履行职责的，对直接负责的主管人员和其他直接责任人员依法给予处分；直接负责的主管人员和其他直接责任人员构成犯罪的，依法追究刑事责任。

第三十七条　违反本条例规定，在禁止养殖区域内建设畜禽养殖场、养殖小区的，由县级以上地方人民政府环境保护主管部门责令停止违法行为；拒不停止违法行为的，处3万元以上10万元以下的罚款，并报县级以上人民政府责令拆除或者关闭。在饮用水水源保护区建设畜禽养殖场、养殖小区的，由县级以上地方人民政府环境保护主管部门责令停止违法行为，处10万元以上50万元以下的罚款，并报经有批准权的人民政府批准，责令拆除或者关闭。

第三十八条　违反本条例规定，畜禽养殖场、养殖小区依法应当进行环境影响评价而未进行的，由有权审批该项目环境影响评价文件的环境保护主管部门责令停止建设，限期补办手续；逾期不补办手续的，处5万元以上20万元以下的罚款。

第三十九条　违反本条例规定，未建设污染防治配套设施或者自行建设的配套设施不合格，也未委托他人对畜禽养殖废弃物进行综合利用和无害化处理，畜禽养殖场、养殖小区即投入生产、使用，或者建设的污染防治配套设施未正常运行的，由县级以上人民政府环境保护主管部门责令停止生产或者使用，可以处10万元以下的罚款。

第四十条　违反本条例规定，有下列行为之一的，由县级以上地方人民政府环境保护主管部门责令停止违法行为，限期采取治理措施消除污染，依照《中华人民共和国水污染防治法》、《中华人民共和国固体废物污染环境防治法》的有关规定予以处罚：

（一）将畜禽养殖废弃物用作肥料，超出土地消纳能力，造成环境污染的；

（二）从事畜禽养殖活动或者畜禽养殖废弃物处理活动，未采取有效措施，导致畜禽养殖废弃物渗出、泄漏的。

第四十一条　排放畜禽养殖废弃物不符合国家或者地方规定的污染物排放标准或者总量控制指标，或者未经无害化处理直接向环境排放畜禽养殖废弃物的，由县级以上地方人民政府环境保护主管部门责令限期治理，可以处5万元以下的罚款。县级以上地方人民政府环境保护主管部门作出限期治理决定后，应当会同同级人民政府农牧等有关部门对整改措施的落实情况及时进行核查，并向社会公布核查结果。

第四十二条　未按照规定对染疫畜禽和病害畜禽养殖废弃物进行无害化处理的，由动物卫生监督机构责令无害化处理，所需处理费用由违法行为人承担，可以处3000元以下的罚款。

第六章　附　　则

第四十三条　畜禽养殖场、养殖小区的具体规模标准由省级人民政府确定，并报国务院环境保护主管部门和国务院农牧主管部门备案。

第四十四条　本条例自2014年1月1日起施行。

附录2　生猪屠宰管理条例

中华人民共和国国务院令

第525号

《生猪屠宰管理条例》已经2007年12月19日国务院第201次常务会议修订通过，现将修订后的《生猪屠宰管理条例》公布，自2008年8月1日起施行。

总理　温家宝

2008年5月25日

第一章　总　　则

第一条　为了加强生猪屠宰管理，保证生猪产品质量安全，保障人民身体健康，制定本条例。

第二条　国家实行生猪定点屠宰、集中检疫制度。

未经定点，任何单位和个人不得从事生猪屠宰活动。但是，农村地区个人自宰自食的除外。

在边远和交通不便的农村地区，可以设置仅限于向本地市场供应生猪产品的小型生猪屠宰场点，具体管理办法由省、自治区、直辖市制定。

第三条　国务院商务主管部门负责全国生猪屠宰的行业管理工作。县级以上地方人民政府商务主管部门负责本行政区域内生猪屠宰活动的监督管理。

县级以上人民政府有关部门在各自职责范围内负责生猪屠宰活动的相关管理工作。

第四条 国家根据生猪定点屠宰厂（场）的规模、生产和技术条件以及质量安全管理状况，推行生猪定点屠宰厂（场）分级管理制度，鼓励、引导、扶持生猪定点屠宰厂（场）改善生产和技术条件，加强质量安全管理，提高生猪产品质量安全水平。生猪定点屠宰厂（场）分级管理的具体办法由国务院商务主管部门征求国务院畜牧兽医主管部门意见后制定。

第二章 生猪定点屠宰

第五条 生猪定点屠宰厂（场）的设置规划（以下简称设置规划），由省、自治区、直辖市人民政府商务主管部门会同畜牧兽医主管部门、环境保护部门以及其他有关部门，按照合理布局、适当集中、有利流通、方便群众的原则，结合本地实际情况制订，报本级人民政府批准后实施。

第六条 生猪定点屠宰厂（场）由设区的市级人民政府根据设置规划，组织商务主管部门、畜牧兽医主管部门、环境保护部门以及其他有关部门，依照本条例规定的条件进行审查，经征求省、自治区、直辖市人民政府商务主管部门的意见确定，并颁发生猪定点屠宰证书和生猪定点屠宰标志牌。

设区的市级人民政府应当将其确定的生猪定点屠宰厂（场）名单及时向社会公布，并报省、自治区、直辖市人民政府备案。

生猪定点屠宰厂（场）应当持生猪定点屠宰证书向工商行政管理部门办理登记手续。

第七条 生猪定点屠宰厂（场）应当将生猪定点屠宰标志牌悬挂于厂（场）区的显著位置。

生猪定点屠宰证书和生猪定点屠宰标志牌不得出借、转让。任何单位和个人不得冒用或者使用伪造的生猪定点屠宰证书和生猪定点屠宰标志牌。

第八条 生猪定点屠宰厂（场）应当具备下列条件：

（一）有与屠宰规模相适应、水质符合国家规定标准的水源条件；

（二）有符合国家规定要求的待宰间、屠宰间、急宰间以及生猪屠宰设备和运载工具；

（三）有依法取得健康证明的屠宰技术人员；

（四）有经考核合格的肉品品质检验人员；

（五）有符合国家规定要求的检验设备、消毒设施以及符合环境保护要求的污染防治设施；

（六）有病害生猪及生猪产品无害化处理设施；

（七）依法取得动物防疫条件合格证。

第九条 生猪屠宰的检疫及其监督，依照动物防疫法和国务院的有关规定执行。

生猪屠宰的卫生检验及其监督，依照食品卫生法的规定执行。

第十条 生猪定点屠宰厂（场）屠宰的生猪，应当依法经动物卫生监督机构检疫合格，并附有检疫证明。

第十一条 生猪定点屠宰厂（场）屠宰生猪，应当符合国家规定的操作规程和技术要求。

第十二条 生猪定点屠宰厂（场）应当如实记录其屠宰的生猪来源和生猪产品流向。生猪来源和生猪产品流向记录保存期限不得少于 2 年。

第十三条 生猪定点屠宰厂（场）应当建立严格的肉品品质检验管理制度。肉品品质检验应当与生猪屠宰同步进行，并如实记录检验结果。检验结果记录保存期限不得少于 2 年。

经肉品品质检验合格的生猪产品，生猪定点屠宰厂（场）应当加盖肉品品质检验合格验讫印章或者附具肉品品质检验合格标志。经肉品品质检验不合格的生猪产品，应当在肉品品质检验人员的监督下，按照国家有关规定处理，并如实记录处理情况；处理情况记录保存期限不得少于 2 年。

生猪定点屠宰厂（场）的生猪产品未经肉品品质检验或者经肉品品质检验不合格的，不得出厂（场）。

第十四条 生猪定点屠宰厂（场）对病害生猪及生猪产品进行无害化处理的费用和损失，按照国务院财政部门的规定，由国家财政予以适当补助。

第十五条　生猪定点屠宰厂（场）以及其他任何单位和个人不得对生猪或者生猪产品注水或者注入其他物质。

生猪定点屠宰厂（场）不得屠宰注水或者注入其他物质的生猪。

第十六条　生猪定点屠宰厂（场）对未能及时销售或者及时出厂（场）的生猪产品，应当采取冷冻或者冷藏等必要措施予以储存。

第十七条　任何单位和个人不得为未经定点违法从事生猪屠宰活动的单位或者个人提供生猪屠宰场所或者生猪产品储存设施，不得为对生猪或者生猪产品注水或者注入其他物质的单位或者个人提供场所。

第十八条　从事生猪产品销售、肉食品生产加工的单位和个人以及餐饮服务经营者、集体伙食单位销售、使用的生猪产品，应当是生猪定点屠宰厂（场）经检疫和肉品品质检验合格的生猪产品。

第十九条　地方人民政府及其有关部门不得限制外地生猪定点屠宰厂（场）经检疫和肉品品质检验合格的生猪产品进入本地市场。

第三章　监督管理

第二十条　县级以上地方人民政府应当加强对生猪屠宰监督管理工作的领导，及时协调、解决生猪屠宰监督管理工作中的重大问题。

第二十一条　商务主管部门应当依照本条例的规定严格履行职责，加强对生猪屠宰活动的日常监督检查。

商务主管部门依法进行监督检查，可以采取下列措施：

（一）进入生猪屠宰等有关场所实施现场检查；

（二）向有关单位和个人了解情况；

（三）查阅、复制有关记录、票据以及其他资料；

（四）查封与违法生猪屠宰活动有关的场所、设施，扣押与违法生猪屠宰活动有关的生猪、生猪产品以及屠宰工具和设备。

商务主管部门进行监督检查时，监督检查人员不得少于 2 人，并应当出示执法证件。

对商务主管部门依法进行的监督检查，有关单位和个人应当予以配合，不得拒绝、阻挠。

第二十二条 商务主管部门应当建立举报制度，公布举报电话、信箱或者电子邮箱，受理对违反本条例规定行为的举报，并及时依法处理。

第二十三条 商务主管部门在监督检查中发现生猪定点屠宰厂（场）不再具备本条例规定条件的，应当责令其限期整改；逾期仍达不到本条例规定条件的，由设区的市级人民政府取消其生猪定点屠宰厂（场）资格。

第四章　法律责任

第二十四条 违反本条例规定，未经定点从事生猪屠宰活动的，由商务主管部门予以取缔，没收生猪、生猪产品、屠宰工具和设备以及违法所得，并处货值金额 3 倍以上 5 倍以下的罚款；货值金额难以确定的，对单位并处 10 万元以上 20 万元以下的罚款，对个人并处 5 000 元以上 1 万元以下的罚款；构成犯罪的，依法追究刑事责任。

冒用或者使用伪造的生猪定点屠宰证书或者生猪定点屠宰标志牌的，依照前款的规定处罚。

生猪定点屠宰厂（场）出借、转让生猪定点屠宰证书或者生猪定点屠宰标志牌的，由设区的市级人民政府取消其生猪定点屠宰厂（场）资格；有违法所得的，由商务主管部门没收违法所得。

第二十五条 生猪定点屠宰厂（场）有下列情形之一的，由商务主管部门责令限期改正，处 2 万元以上 5 万元以下的罚款；逾期不改正的，责令停业整顿，对其主要负责人处 5 000 元以上 1 万元以下的罚款：

（一）屠宰生猪不符合国家规定的操作规程和技术要求的；

（二）未如实记录其屠宰的生猪来源和生猪产品流向的；

（三）未建立或者实施肉品品质检验制度的；

（四）对经肉品品质检验不合格的生猪产品未按照国家有关规定处理并如实记录处理情况的。

第二十六条　生猪定点屠宰厂（场）出厂（场）未经肉品品质检验或者经肉品品质检验不合格的生猪产品的，由商务主管部门责令停业整顿，没收生猪产品和违法所得，并处货值金额1倍以上3倍以下的罚款，对其主要负责人处1万元以上2万元以下的罚款；货值金额难以确定的，并处5万元以上10万元以下的罚款；造成严重后果的，由设区的市级人民政府取消其生猪定点屠宰厂（场）资格；构成犯罪的，依法追究刑事责任。

第二十七条　生猪定点屠宰厂（场）、其他单位或者个人对生猪、生猪产品注水或者注入其他物质的，由商务主管部门没收注水或者注入其他物质的生猪、生猪产品、注水工具和设备以及违法所得，并处货值金额3倍以上5倍以下的罚款，对生猪定点屠宰厂（场）或者其他单位的主要负责人处1万元以上2万元以下的罚款；货值金额难以确定的，对生猪定点屠宰厂（场）或者其他单位并处5万元以上10万元以下的罚款，对个人并处1万元以上2万元以下的罚款；构成犯罪的，依法追究刑事责任。

生猪定点屠宰厂（场）对生猪、生猪产品注水或者注入其他物质的，除依照前款的规定处罚外，还应当由商务主管部门责令停业整顿；造成严重后果，或者两次以上对生猪、生猪产品注水或者注入其他物质的，由设区的市级人民政府取消其生猪定点屠宰厂（场）资格。

第二十八条　生猪定点屠宰厂（场）屠宰注水或者注入其他物质的生猪的，由商务主管部门责令改正，没收注水或者注入其他物质的生猪、生猪产品以及违法所得，并处货值金额1倍以上3倍以下的罚款，对其主要负责人处1万元以上2万元以下的罚款；货值金额难以确定的，并处2万元以上5万元以下的罚款；拒不改正的，责令停业整顿；造成严重后果的，由设区的市级人民政府取消其生猪定点屠宰厂（场）资格。

第二十九条 从事生猪产品销售、肉食品生产加工的单位和个人以及餐饮服务经营者、集体伙食单位，销售、使用非生猪定点屠宰厂（场）屠宰的生猪产品、未经肉品品质检验或者经肉品品质检验不合格的生猪产品以及注水或者注入其他物质的生猪产品的，由工商、卫生、质检部门依据各自职责，没收尚未销售、使用的相关生猪产品以及违法所得，并处货值金额3倍以上5倍以下的罚款；货值金额难以确定的，对单位处5万元以上10万元以下的罚款，对个人处1万元以上2万元以下的罚款；情节严重的，由原发证（照）机关吊销有关证照；构成犯罪的，依法追究刑事责任。

第三十条 为未经定点违法从事生猪屠宰活动的单位或者个人提供生猪屠宰场所或者生猪产品储存设施，或者为对生猪、生猪产品注水或者注入其他物质的单位或者个人提供场所的，由商务主管部门责令改正，没收违法所得，对单位并处2万元以上5万元以下的罚款，对个人并处5 000元以上1万元以下的罚款。

第三十一条 商务主管部门和其他有关部门的工作人员在生猪屠宰监督管理工作中滥用职权、玩忽职守、徇私舞弊，构成犯罪的，依法追究刑事责任；尚不构成犯罪的，依法给予处分。

第五章 附 则

第三十二条 省、自治区、直辖市人民政府确定实行定点屠宰的其他动物的屠宰管理办法，由省、自治区、直辖市根据本地区的实际情况，参照本条例制定。

第三十三条 本条例所称生猪产品，是指生猪屠宰后未经加工的胴体、肉、脂、脏器、血液、骨、头、蹄、皮。

第三十四条 本条例施行前设立的生猪定点屠宰厂（场），自本条例施行之日起180日内，由设区的市级人民政府换发生猪定点屠宰标志牌，并发给生猪定点屠宰证书。

第三十五条　生猪定点屠宰证书、生猪定点屠宰标志牌以及肉品品质检验合格验讫印章和肉品品质检验合格标志的式样，由国务院商务主管部门统一规定。

第三十六条　本条例自 2008 年 8 月 1 日起施行。

附录 3　饲料和饲料添加剂管理条例

国务院令 327 号

（1999 年 5 月 29 日中华人民共和国国务院令第 266 号发布。根据 2001 年 11 月 29 日《国务院关于修改〈饲料和饲料添加剂管理条例〉的决定》修订）

第一章　总　　则

第一条　为了加强对饲料、饲料添加剂的管理，提高饲料、饲料添加剂的质量，促进饲料工业和养殖业的发展，维护人民身体健康，制定本条例。

第二条　本条例所称饲料，是指经工业化加工、制作的供动物食用的饲料，包括单一饲料、添加剂预混合饲料、浓缩饲料、配合饲料和精料补充料。

本条例所称饲料添加剂，是指在饲料加工、制作、使用过程中添加的少量或者微量物质，包括营养性饲料添加剂和一般饲料添加剂。饲料添加剂的品种目录由国务院农业行政主管部门制定并公布。

第三条　国务院农业行政主管部门负责全国饲料、饲料添加剂的管理工作。

县级以上地方人民政府负责饲料、饲料添加剂管理的部门（以下简称饲料管理部门），负责本行政区域内的饲料、饲料添加剂的管理工作。

第二章　审定与进口管理

第四条　国家鼓励研究、创制新饲料、新饲料添加剂。

新研制的饲料、饲料添加剂，在投入生产前，研制者、生产者（以下简称申请人）必须向国务院农业行政主管部门提出新产品审定申请，经国务院农业行政主管部门指定的机构检测和饲喂试验后，由全国饲料评审委员会根据检测和饲喂试验结果，对该新产品的安全性、有效性及其对环境的影响进行评审；评审合格的，由国务院农业行政主管部门发给新饲料、新饲料添加剂证书，并予以公布。

全国饲料评审委员会由养殖、饲料加工、动物营养、毒理、药理、代谢、卫生、化工合成、生物技术、质量标准和环境保护等方面的专家组成。

第五条　申请人提出饲料、饲料添加剂新产品审定申请时，除应当提供新产品的样品外，还应当提供下列资料：

（一）该新产品的名称、主要成分和理化性质；

（二）该新产品的研制方法、生产工艺、质量标准和检测方法；

（三）该新产品的饲喂效果、残留消解动态和毒理；

（四）环境影响报告和污染防治措施。

第六条　国务院农业行政主管部门公布的新饲料、新饲料添加剂的产品质量标准，为行业标准；需要制定国家标准的，依照标准化法的有关规定办理。

第七条　首次进口饲料、饲料添加剂的，应当向国务院农业行政主管部门申请登记，并提供该饲料、饲料添加剂的样品和下列资料：

（一）商标、标签和推广应用情况；

（二）生产国批准生产、销售的证明和生产国以外的其他国家的登记资料；

（三）本条例第五条规定的资料。

前款饲料、饲料添加剂经审查确认安全、有效、不污染环境的，由国务院农业行政主管部门颁发产品登记证。

第八条　国家对获得审定或者登记的、含有新化合物的饲料、饲料添加剂的申请人提交的其自己所取得且未披露的试验数据和其他数据实施保护。

自审定或者登记之日起 6 年内，对其他申请人未经已获得审定或者登记的申请人同意，使用前款数据申请饲料、饲料添加剂审定或者登记的，审定或者登记机关不予审定或者登记；但是，其他申请人提交其自己所取得的数据的除外。

除下列情况外，审定或者登记机关不得披露第一款规定的数据：

（一）公共利益需要；

（二）已采取措施确保该类信息不会被不正当地进行商业使用。

第三章　生产、经营和使用管理

第九条　设立饲料、饲料添加剂生产企业，除应当符合有关法律、行政法规规定的企业设立条件外，还应当具备下列条件：

（一）有与生产饲料、饲料添加剂相适应的厂房、设备、工艺及仓储设施；

（二）有与生产饲料、饲料添加剂相适应的专职技术人员；

（三）有必要的产品质量检验机构、检验人员和检验设施；

（四）生产环境符合国家规定的安全、卫生要求；

（五）污染防治措施符合国家环境保护要求。

经国务院农业行政主管部门或者省、自治区、直辖市人民政府饲料管理部门按照权限审查，符合前款规定条件的，方可办理企业登记手续。

第十条　生产饲料添加剂、添加剂预混合饲料的企业，经省、自治区、直辖市人民政府饲料管理部门审核后，由国务院农业行政主管部门颁发生产许可证。

前款企业取得生产许可证后，由省、自治区、直辖市人民政府饲料管理部门核发饲料添加剂、添加剂预混合饲料产品批准文号。

第十一条　生产饲料、饲料添加剂的企业，应当按照产品质量标准组织生产，并实行生产记录和产品留样观察制度。

第十二条　企业生产饲料、饲料添加剂，不得直接添加兽药和其他禁用药品；允许添加的兽药，必须制成药物饲料添加剂后，方可添加；生产药物饲料添加剂，不得添加激素类药品。

第十三条　企业生产饲料、饲料添加剂，应当进行产品质量检验。检验合格的，应当附具产品质量检验合格证；无产品质量合格证的，不得销售。

第十四条　饲料、饲料添加剂的包装，应当符合国家有关安全、卫生的规定。

易燃或者其他有特殊要求的饲料、饲料添加剂的包装应当有警示标志或者说明，并注明储运注意事项。

饲料、饲料添加剂的包装物不得重复使用；但是，生产方和使用方另有约定的除外。

第十五条　饲料、饲料添加剂的包装物上应当附具标签。标签应当以中文或者适用符号标明产品名称、原料组成、产品成分分析保证值、净重、生产日期、保质期、厂名、厂址和产品标准代号。

饲料添加剂的标签，还应当标明使用方法和注意事项。

加入药物饲料添加剂的饲料的标签，还应当标明“加入药物饲料添加剂”字样，并标明其化学名称、含量、使用方法及注意事项。

饲料添加剂、添加剂预混合饲料的标签，还应当注明产品批准文号和生产许可证号。

第十六条　经营饲料、饲料添加剂的企业，应当具备下列条件：

（一）有与经营饲料、饲料添加剂相适应的仓储设施；

（二）有具备饲料、饲料添加剂使用、贮存、分装等知识的技术人员；

（三）有必要的产品质量管理制度。

第十七条 经营饲料、饲料添加剂的企业，进货时必须核对产品标签、产品质量合格证。

禁止经营无产品质量标准、无产品质量合格证、无生产许可证和产品批准文号的饲料、饲料添加剂。

第十八条 禁止生产、经营停用、禁用或者淘汰的饲料、饲料添加剂以及未经审定公布的饲料、饲料添加剂。

禁止经营未经国务院农业行政主管部门登记的进口饲料、进口饲料添加剂。

第十九条 使用饲料添加剂应当遵守国务院农业行政主管部门制定的安全使用规范。

禁止使用本条例第十八条规定的饲料、饲料添加剂。禁止在饲料和动物饮用水中添加激素类药品和国务院农业行政主管部门规定的其他禁用药品。

第二十条 饲料、饲料添加剂在使用过程中，证实对饲养动物、人体健康和环境有害的，由国务院农业行政主管部门决定限用、停用或者禁用，并予以公布。

第二十一条 禁止对饲料、饲料添加剂作预防或者治疗动物疾病的说明或者宣传；但是，饲料中加入药物饲料添加剂的，可以对所加入的药物饲料添加剂的作用加以说明。

第二十二条 从事饲料、饲料添加剂质量检验的机构，经国务院产品质量监督管理部门或者农业行政主管部门考核合格，或者经省、自治区、直辖市人民政府产品质量监督管理部门或者饲料管理部门考核合格，方可承担饲料、饲料添加剂的产品质量检验工作。

第二十三条 国务院农业行政主管部门根据国务院产品质量监督管理部门制定的全国产品质量监督抽查工作规划，可以进行饲料、饲料添加剂质量监督抽查；但是，不得重复抽查。

县级以上地方人民政府饲料管理部门根据饲料、饲料添加剂质量监督抽查工作规划，可以组织对饲料、饲料添加剂进行监督抽查，并会同同级产品质量监督管理部门公布抽查结果。

第四章　罚　　则

第二十四条　违反本条例规定，未取得生产许可证，生产饲料添加剂、添加剂预混合饲料的，由县级以上地方人民政府饲料管理部门责令停止生产，没收违法生产的产品和违法所得，并处违法所得1倍以上5倍以下的罚款；对已取得生产许可证，但未取得产品批准文号的，责令停止生产，并限期补办产品批准文号。

第二十五条　违反本条例规定，经营未附具产品质量检验合格证和产品标签以及无生产许可证、批准文号、产品质量标准的饲料、饲料添加剂的，由县级以上地方人民政府饲料管理部门责令停止经营，没收违法经营的产品和违法所得，可以并处违法所得1倍以下的罚款。

第二十六条　饲料、饲料添加剂的包装不符合本条例第十四条的规定，或者附具的标签不符合本条例第十五条的规定的，由县级以上地方人民政府饲料管理部门责令限期改正；逾期不改正的，责令停止销售，可以处违法所得1倍以下的罚款。

第二十七条　不具备本条例第十六条规定的条件，经营饲料、饲料添加剂的，由县级以上地方人民政府饲料管理部门责令限期改正；逾期不改正的，责令停止经营，没收违法所得，可以并处违法所得1倍以上3倍以下的罚款。

第二十八条　违反本条例规定，生产、经营已经停用、禁用或者淘汰以及未经审定公布的饲料、饲料添加剂的，依照刑法关于非法经营罪的规定，依法追究刑事责任；尚不够刑事处罚的，由县级以上地方人民政府饲料管理部门责令停止生产、经营，没收违法生产、经营的产品和违法所得，并处违法所得1倍以上5倍以下的罚款。

第二十九条　违反本条例规定，不按照国务院农业行政主管部门的规定使用饲料添加剂的，由县级以上地方人民政府饲料管理部门责令立即改正，可以处3万元以下的罚款。

使用本条例第十八条规定的饲料、饲料添加剂，或者在饲料和动物饮用水中添加激素类药品和国务院农业行政主管部门规定的其他禁用药品的，由县级以上地方人民政府饲料管理部门没收违禁药品，可以并处1万元以上5万元以下的罚款。

第三十条 违反本条例规定，有下列行为之一的，依照刑法关于生产、销售伪劣产品罪的规定，依法追究刑事责任；尚不够刑事处罚的，由县级以上地方人民政府饲料管理部门责令停止生产、经营，没收违法生产、经营的产品和违法所得，并处违法所得1倍以上5倍以下的罚款；情节严重的，并由国务院农业行政主管部门吊销生产许可证：

（一）在生产、经营过程中，以非饲料、非饲料添加剂冒充饲料、饲料添加剂或者以此种饲料、饲料添加剂冒充他种饲料、饲料添加剂的；

（二）生产、经营的饲料、饲料添加剂所含成分的种类、名称与产品标签上注明的成分的种类、名称不符的；

（三）生产、经营的饲料、饲料添加剂不符合饲料、饲料添加剂产品质量标准的；

（四）经营的饲料、饲料添加剂失效、霉变或者超过保质期的。

第三十一条 经营未经国务院农业行政主管部门登记的进口饲料、进口饲料添加剂的，依照刑法关于非法经营罪的规定，依法追究刑事责任；尚不够刑事处罚的，由县级以上地方人民政府饲料管理部门责令立即停止经营，没收未售出的产品和违法所得，并处违法所得1倍以上5倍以下的罚款。

第三十二条 假冒、伪造或者买卖饲料添加剂、添加剂预混合饲料生产许可证、产品批准文号或者产品登记证的，依照刑法关于非法经营罪或者伪造、变造、买卖国家机关公文、证件、印章罪的规定，依法追究刑事责任；尚不够刑事处罚的，由国务院农业行政主管部门或者省、自治区、直辖市人民政府饲料管理部门按照职责权限收缴或者吊销生产许可证、产品批准文号或者产品登记证，没收违法所得，并处违法所得1倍以上5倍以下的罚款。

第五章　附　　则

第三十三条　本条例下列用语的含义：

（一）营养性饲料添加剂，是指用于补充饲料营养成分的少量或者微量物质，包括饲料级氨基酸、维生素、矿物质微量元素、酶制剂、非蛋白氮等。

（二）一般饲料添加剂，是指为保证或者改善饲料品质、提高饲料利用率而掺入饲料中的少量或者微量物质。

（三）药物饲料添加剂，是指为预防、治疗动物疾病而掺入载体或者稀释剂的兽药的预混物，包括抗球虫药类、驱虫剂类、抑菌促生长类等。

第三十四条　药物饲料添加剂的管理，依照《兽药管理条例》的规定执行。

第三十五条　本条例自发布之日起施行。

附录4　中华人民共和国动物防疫法(修订)

（1997年7月3日第八届全国人民代表大会常务委员会第二十六次会议通过。2007年8月30日第十届全国人民代表大会常务委员会第二十九次会议修订。）

第一章　总　　则

第一条　为了加强对动物防疫活动的管理，预防、控制和扑灭动物疫病，促进养殖业发展，保护人体健康，维护公共卫生安全，制定本法。

第二条　本法适用于在中华人民共和国领域内的动物防疫及其监督管理活动。

进出境动物、动物产品的检疫，适用《中华人民共和国进出境动植物检疫法》。

第三条　本法所称动物，是指家畜家禽和人工饲养、合法捕获的其他动物。

本法所称动物产品，是指动物的肉、生皮、原毛、绒、脏器、脂、血液、精液、卵、胚胎、骨、蹄、头、角、筋以及可能传播动物疫病的奶、蛋等。

本法所称动物疫病，是指动物传染病、寄生虫病。

本法所称动物防疫，是指动物疫病的预防、控制、扑灭和动物、动物产品的检疫。

第四条　根据动物疫病对养殖业生产和人体健康的危害程度，本法规定管理的动物疫病分为下列三类：

（一）一类疫病，是指对人与动物危害严重，需要采取紧急、严厉的强制预防、控制、扑灭等措施的；

（二）二类疫病，是指可能造成重大经济损失，需要采取严格控制、扑灭等措施，防止扩散的；

（三）三类疫病，是指常见多发、可能造成重大经济损失，需要控制和净化的。

前款一、二、三类动物疫病具体病种名录由国务院兽医主管部门制定并公布。

第五条　国家对动物疫病实行预防为主的方针。

第六条　县级以上人民政府应当加强对动物防疫工作的统一领导，加强基层动物防疫队伍建设，建立健全动物防疫体系，制定并组织实施动物疫病防治规划。

乡级人民政府、城市街道办事处应当组织群众协助做好本管辖区域内的动物疫病预防与控制工作。

第七条　国务院兽医主管部门主管全国的动物防疫工作。

县级以上地方人民政府兽医主管部门主管本行政区域内的动物防疫工作。

县级以上人民政府其他部门在各自的职责范围内做好动物防疫工作。

军队和武装警察部队动物卫生监督职能部门分别负责军队和武装警察部队现役动物及饲养自用动物的防疫工作。

第八条　县级以上地方人民政府设立的动物卫生监督机构依照本法规定，负责动物、动物产品的检疫工作和其他有关动物防疫的监督管理执法工作。

第九条　县级以上人民政府按照国务院的规定，根据统筹规划、合理布局、综合设置的原则建立动物疫病预防控制机构，承担动物疫病的监测、检测、诊断、流行病学调查、疫情报告以及其他预防、控制等技术工作。

第十条　国家支持和鼓励开展动物疫病的科学研究以及国际合作与交流，推广先进适用的科学研究成果，普及动物防疫科学知识，提高动物疫病防治的科学技术水平。

第十一条 对在动物防疫工作、动物防疫科学研究中做出成绩和贡献的单位和个人，各级人民政府及有关部门给予奖励。

第二章 动物疫病的预防

第十二条 国务院兽医主管部门对动物疫病状况进行风险评估，根据评估结果制定相应的动物疫病预防、控制措施。

国务院兽医主管部门根据国内外动物疫情和保护养殖业生产及人体健康的需要，及时制定并公布动物疫病预防、控制技术规范。

第十三条 国家对严重危害养殖业生产和人体健康的动物疫病实施强制免疫。国务院兽医主管部门确定强制免疫的动物疫病病种和区域，并会同国务院有关部门制定国家动物疫病强制免疫计划。

省、自治区、直辖市人民政府兽医主管部门根据国家动物疫病强制免疫计划，制订本行政区域的强制免疫计划；并可以根据本行政区域内动物疫病流行情况增加实施强制免疫的动物疫病病种和区域，报本级人民政府批准后执行，并报国务院兽医主管部门备案。

第十四条 县级以上地方人民政府兽医主管部门组织实施动物疫病强制免疫计划。乡级人民政府、城市街道办事处应当组织本管辖区域内饲养动物的单位和个人做好强制免疫工作。

饲养动物的单位和个人应当依法履行动物疫病强制免疫义务，按照兽医主管部门的要求做好强制免疫工作。

经强制免疫的动物，应当按照国务院兽医主管部门的规定建立免疫档案，加施畜禽标识，实施可追溯管理。

第十五条 县级以上人民政府应当建立健全动物疫情监测网络，加强动物疫情监测。

国务院兽医主管部门应当制定国家动物疫病监测计划。省、自治区、直辖市人民政府兽医主管部门应当根据国家动物疫病监测计划，制定本行政区域的动物疫病监测计划。

动物疫病预防控制机构应当按照国务院兽医主管部门的规定，对动物疫病的发生、流行等情况进行监测；从事动物饲养、屠宰、经营、隔离、运输以及动物产品生产、经营、加工、贮藏等活动的单位和个人不得拒绝或者阻碍。

第十六条　国务院兽医主管部门和省、自治区、直辖市人民政府兽医主管部门应当根据对动物疫病发生、流行趋势的预测，及时发出动物疫情预警。地方各级人民政府接到动物疫情预警后，应当采取相应的预防、控制措施。

第十七条　从事动物饲养、屠宰、经营、隔离、运输以及动物产品生产、经营、加工、贮藏等活动的单位和个人，应当依照本法和国务院兽医主管部门的规定，做好免疫、消毒等动物疫病预防工作。

第十八条　种用、乳用动物和宠物应当符合国务院兽医主管部门规定的健康标准。

种用、乳用动物应当接受动物疫病预防控制机构的定期检测；检测不合格的，应当按照国务院兽医主管部门的规定予以处理。

第十九条　动物饲养场（养殖小区）和隔离场所，动物屠宰加工场所，以及动物和动物产品无害化处理场所，应当符合下列动物防疫条件：

（一）场所的位置与居民生活区、生活饮用水源地、学校、医院等公共场所的距离符合国务院兽医主管部门规定的标准；

（二）生产区封闭隔离，工程设计和工艺流程符合动物防疫要求；

（三）有相应的污水、污物、病死动物、染疫动物产品的无害化处理设施设备和清洗消毒设施设备；

（四）有为其服务的动物防疫技术人员；

（五）有完善的动物防疫制度；

（六）具备国务院兽医主管部门规定的其他动物防疫条件。

第二十条　兴办动物饲养场（养殖小区）和隔离场所，动物屠宰加工场所，以及动物和动物产品无害化处理场所，应当向县级以上地方人民政府兽医主管部门提出申请，并附具相关材料。受理申请的兽医主管部门应当依照本法和《中华人民共和国行政许可法》的规定进行审查。经审查合格的，发给动物防疫条件合格证；不合格的，应当通知申请人并说明理由。需要办理工商登记的，申请人凭动物防疫条件合格证向工商行政管理部门申请办理登记注册手续。

动物防疫条件合格证应当载明申请人的名称、场（厂）址等事项。

经营动物、动物产品的集贸市场应当具备国务院兽医主管部门规定的动物防疫条件，并接受动物卫生监督机构的监督检查。

第二十一条 动物、动物产品的运载工具、垫料、包装物、容器等应当符合国务院兽医主管部门规定的动物防疫要求。

染疫动物及其排泄物、染疫动物产品，病死或者死因不明的动物尸体，运载工具中的动物排泄物以及垫料、包装物、容器等污染物，应当按照国务院兽医主管部门的规定处理，不得随意处置。

第二十二条 采集、保存、运输动物病料或者病原微生物以及从事病原微生物研究、教学、检测、诊断等活动，应当遵守国家有关病原微生物实验室管理的规定。

第二十三条 患有人畜共患传染病的人员不得直接从事动物诊疗以及易感染动物的饲养、屠宰、经营、隔离、运输等活动。

人畜共患传染病名录由国务院兽医主管部门会同国务院卫生主管部门制定并公布。

第二十四条 国家对动物疫病实行区域化管理，逐步建立无规定动物疫病区。无规定动物疫病区应当符合国务院兽医主管部门规定的标准，经国务院兽医主管部门验收合格予以公布。

本法所称无规定动物疫病区，是指具有天然屏障或者采取人工措施，在一定期限内没有发生规定的一种或者几种动物疫病，并经验收合格的区域。

第二十五条　禁止屠宰、经营、运输下列动物和生产、经营、加工、贮藏、运输下列动物产品：

（一）封锁疫区内与所发生动物疫病有关的；

（二）疫区内易感染的；

（三）依法应当检疫而未经检疫或者检疫不合格的；

（四）染疫或者疑似染疫的；

（五）病死或者死因不明的；

（六）其他不符合国务院兽医主管部门有关动物防疫规定的。

第三章　动物疫情的报告、通报和公布

第二十六条　从事动物疫情监测、检验检疫、疫病研究与诊疗以及动物饲养、屠宰、经营、隔离、运输等活动的单位和个人，发现动物染疫或者疑似染疫的，应当立即向当地兽医主管部门、动物卫生监督机构或者动物疫病预防控制机构报告，并采取隔离等控制措施，防止动物疫情扩散。其他单位和个人发现动物染疫或者疑似染疫的，应当及时报告。

接到动物疫情报告的单位，应当及时采取必要的控制处理措施，并按照国家规定的程序上报。

第二十七条　动物疫情由县级以上人民政府兽医主管部门认定；其中重大动物疫情由省、自治区、直辖市人民政府兽医主管部门认定，必要时报国务院兽医主管部门认定。

第二十八条　国务院兽医主管部门应当及时向国务院有关部门和军队有关部门以及省、自治区、直辖市人民政府兽医主管部门通报重大动物疫情的发生和处理情况；发生人畜共患传染病的，县级以上人民政府兽医主管部门与同级卫生主管部门应当及时相互通报。

国务院兽医主管部门应当依照我国缔结或者参加的条约、协定，及时向有关国际组织或者贸易方通报重大动物疫情的发生和处理情况。

第二十九条　国务院兽医主管部门负责向社会及时公布全国

动物疫情，也可以根据需要授权省、自治区、直辖市人民政府兽医主管部门公布本行政区域内的动物疫情。其他单位和个人不得发布动物疫情。

第三十条 任何单位和个人不得瞒报、谎报、迟报、漏报动物疫情，不得授意他人瞒报、谎报、迟报动物疫情，不得阻碍他人报告动物疫情。

第四章 动物疫病的控制和扑灭

第三十一条 发生一类动物疫病时，应当采取下列控制和扑灭措施：

（一）当地县级以上地方人民政府兽医主管部门应当立即派人到现场，划定疫点、疫区、受威胁区，调查疫源，及时报请本级人民政府对疫区实行封锁。疫区范围涉及两个以上行政区域的，由有关行政区域共同的上一级人民政府对疫区实行封锁，或者由各有关行政区域的上一级人民政府共同对疫区实行封锁。必要时，上级人民政府可以责成下级人民政府对疫区实行封锁。

（二）县级以上地方人民政府应当立即组织有关部门和单位采取封锁、隔离、扑杀、销毁、消毒、无害化处理、紧急免疫接种等强制性措施，迅速扑灭疫病。

（三）在封锁期间，禁止染疫、疑似染疫和易感染的动物、动物产品流出疫区，禁止非疫区的易感染动物进入疫区，并根据扑灭动物疫病的需要对出入疫区的人员、运输工具及有关物品采取消毒和其他限制性措施。

第三十二条 发生二类动物疫病时，应当采取下列控制和扑灭措施：

（一）当地县级以上地方人民政府兽医主管部门应当划定疫点、疫区、受威胁区。

（二）县级以上地方人民政府根据需要组织有关部门和单位采取隔离、扑杀、销毁、消毒、无害化处理、紧急免疫接种、限制易感染的动物和动物产品及有关物品出入等控制、扑灭措施。

第三十三条　疫点、疫区、受威胁区的撤销和疫区封锁的解除，按照国务院兽医主管部门规定的标准和程序评估后，由原决定机关决定并宣布。

第三十四条　发生三类动物疫病时，当地县级、乡级人民政府应当按照国务院兽医主管部门的规定组织防治和净化。

第三十五条　二、三类动物疫病呈暴发性流行时，按照一类动物疫病处理。

第三十六条　为控制、扑灭动物疫病，动物卫生监督机构应当派人在当地依法设立的现有检查站执行监督检查任务；必要时，经省、自治区、直辖市人民政府批准，可以设立临时性的动物卫生监督检查站，执行监督检查任务。

第三十七条　发生人畜共患传染病时，卫生主管部门应当组织对疫区易感染的人群进行监测，并采取相应的预防、控制措施。

第三十八条　疫区内有关单位和个人，应当遵守县级以上人民政府及其兽医主管部门依法做出的有关控制、扑灭动物疫病的规定。

任何单位和个人不得藏匿、转移、盗掘已被依法隔离、封存、处理的动物和动物产品。

第三十九条　发生动物疫情时，航空、铁路、公路、水路等运输部门应当优先组织运送控制、扑灭疫病的人员和有关物资。

第四十条　一、二、三类动物疫病突然发生，迅速传播，给养殖业生产安全造成严重威胁、危害，以及可能对公众身体健康与生命安全造成危害，构成重大动物疫情的，依照法律和国务院的规定采取应急处理措施。

第五章　动物和动物产品的检疫

第四十一条　动物卫生监督机构依照本法和国务院兽医主管部门的规定对动物、动物产品实施检疫。

动物卫生监督机构的官方兽医具体实施动物、动物产品检疫。官方兽医应当具备规定的资格条件，取得国务院兽医主管部门颁发的资格证书，具体办法由国务院兽医主管部门会同国务院人事行政部门制定。

本法所称官方兽医，是指具备规定的资格条件并经兽医主管部门任命的，负责出具检疫等证明的国家兽医工作人员。

第四十二条 屠宰、出售或者运输动物以及出售或者运输动物产品前，货主应当按照国务院兽医主管部门的规定向当地动物卫生监督机构申报检疫。

动物卫生监督机构接到检疫申报后，应当及时指派官方兽医对动物、动物产品实施现场检疫；检疫合格的，出具检疫证明、加施检疫标志。实施现场检疫的官方兽医应当在检疫证明、检疫标志上签字或者盖章，并对检疫结论负责。

第四十三条 屠宰、经营、运输以及参加展览、演出和比赛的动物，应当附有检疫证明；经营和运输的动物产品，应当附有检疫证明、检疫标志。

对前款规定的动物、动物产品，动物卫生监督机构可以查验检疫证明、检疫标志，进行监督抽查，但不得重复检疫收费。

第四十四条 经铁路、公路、水路、航空运输动物和动物产品的，托运人托运时应当提供检疫证明；没有检疫证明的，承运人不得承运。

运载工具在装载前和卸载后应当及时清洗、消毒。

第四十五条 输入到无规定动物疫病区的动物、动物产品，货主应当按照国务院兽医主管部门的规定向无规定动物疫病区所在地动物卫生监督机构申报检疫，经检疫合格的，方可进入；检疫所需费用纳入无规定动物疫病区所在地地方人民政府财政预算。

第四十六条 跨省、自治区、直辖市引进乳用动物、种用动物及其精液、胚胎、种蛋的，应当向输入地省、自治区、直辖市动物卫生监督机构申请办理审批手续，并依照本法第四十二条的规定取得检疫证明。

跨省、自治区、直辖市引进的乳用动物、种用动物到达输入地后，货主应当按照国务院兽医主管部门的规定对引进的乳用动物、种用动物进行隔离观察。

第四十七条　人工捕获的可能传播动物疫病的野生动物，应当报经捕获地动物卫生监督机构检疫，经检疫合格的，方可饲养、经营和运输。

第四十八条　经检疫不合格的动物、动物产品，货主应当在动物卫生监督机构监督下按照国务院兽医主管部门的规定处理，处理费用由货主承担。

第四十九条　依法进行检疫需要收取费用的，其项目和标准由国务院财政部门、物价主管部门规定。

第六章　动物诊疗

第五十条　从事动物诊疗活动的机构，应当具备下列条件：

（一）有与动物诊疗活动相适应并符合动物防疫条件的场所；

（二）有与动物诊疗活动相适应的执业兽医；

（三）有与动物诊疗活动相适应的兽医器械和设备；

（四）有完善的管理制度。

第五十一条　设立从事动物诊疗活动的机构，应当向县级以上地方人民政府兽医主管部门申请动物诊疗许可证。受理申请的兽医主管部门应当依照本法和《中华人民共和国行政许可法》的规定进行审查。经审查合格的，发给动物诊疗许可证；不合格的，应当通知申请人并说明理由。申请人凭动物诊疗许可证向工商行政管理部门申请办理登记注册手续，取得营业执照后，方可从事动物诊疗活动。

第五十二条　动物诊疗许可证应当载明诊疗机构名称、诊疗活动范围、从业地点和法定代表人（负责人）等事项。

动物诊疗许可证载明事项变更的，应当申请变更或者换发动物诊疗许可证，并依法办理工商变更登记手续。

第五十三条　动物诊疗机构应当按照国务院兽医主管部门的规定，做好诊疗活动中的卫生安全防护、消毒、隔离和诊疗废弃物处置等工作。

第五十四条 国家实行执业兽医资格考试制度。具有兽医相关专业大学专科以上学历的，可以申请参加执业兽医资格考试；考试合格的，由国务院兽医主管部门颁发执业兽医资格证书；从事动物诊疗的，还应当向当地县级人民政府兽医主管部门申请注册。执业兽医资格考试和注册办法由国务院兽医主管部门商国务院人事行政部门制定。

本法所称执业兽医，是指从事动物诊疗和动物保健等经营活动的兽医。

第五十五条 经注册的执业兽医，方可从事动物诊疗、开具兽药处方等活动。但是，本法第五十七条对乡村兽医服务人员另有规定的，从其规定。

执业兽医、乡村兽医服务人员应当按照当地人民政府或者兽医主管部门的要求，参加预防、控制和扑灭动物疫病的活动。

第五十六条 从事动物诊疗活动，应当遵守有关动物诊疗的操作技术规范，使用符合国家规定的兽药和兽医器械。

第五十七条 乡村兽医服务人员可以在乡村从事动物诊疗服务活动，具体管理办法由国务院兽医主管部门制定。

第七章 监督管理

第五十八条 动物卫生监督机构依照本法规定，对动物饲养、屠宰、经营、隔离、运输以及动物产品生产、经营、加工、贮藏、运输等活动中的动物防疫实施监督管理。

第五十九条 动物卫生监督机构执行监督检查任务，可以采取下列措施，有关单位和个人不得拒绝或者阻碍：

（一）对动物、动物产品按照规定采样、留验、抽检；

（二）对染疫或者疑似染疫的动物、动物产品及相关物品进行隔离、查封、扣押和处理；

（三）对依法应当检疫而未经检疫的动物实施补检；

（四）对依法应当检疫而未经检疫的动物产品，具备补检条件的实施补检，不具备补检条件的予以没收销毁；

（五）查验检疫证明、检疫标志和畜禽标识；

（六）进入有关场所调查取证，查阅、复制与动物防疫有关的资料。

动物卫生监督机构根据动物疫病预防、控制需要，经当地县级以上地方人民政府批准，可以在车站、港口、机场等相关场所派驻官方兽医。

第六十条　官方兽医执行动物防疫监督检查任务，应当出示行政执法证件，佩带统一标志。

动物卫生监督机构及其工作人员不得从事与动物防疫有关的经营性活动，进行监督检查不得收取任何费用。

第六十一条　禁止转让、伪造或者变造检疫证明、检疫标志或者畜禽标识。

检疫证明、检疫标志的管理办法，由国务院兽医主管部门制定。

第八章　保障措施

第六十二条　县级以上人民政府应当将动物防疫纳入本级国民经济和社会发展规划及年度计划。

第六十三条　县级人民政府和乡级人民政府应当采取有效措施，加强村级防疫员队伍建设。

县级人民政府兽医主管部门可以根据动物防疫工作需要，向乡、镇或者特定区域派驻兽医机构。

第六十四条　县级以上人民政府按照本级政府职责，将动物疫病预防、控制、扑灭、检疫和监督管理所需经费纳入本级财政预算。

第六十五条　县级以上人民政府应当储备动物疫情应急处理工作所需的防疫物资。

第六十六条　对在动物疫病预防和控制、扑灭过程中强制扑杀的动物、销毁的动物产品和相关物品，县级以上人民政府应当给予补偿。具体补偿标准和办法由国务院财政部门会同有关部门制定。

因依法实施强制免疫造成动物应激死亡的，给予补偿。具体补偿标准和办法由国务院财政部门会同有关部门制定。

第六十七条 对从事动物疫病预防、检疫、监督检查、现场处理疫情以及在工作中接触动物疫病病原体的人员，有关单位应当按照国家规定采取有效的卫生防护措施和医疗保健措施。

第九章 法律责任

第六十八条 地方各级人民政府及其工作人员未依照本法规定履行职责的，对直接负责的主管人员和其他直接责任人员依法给予处分。

第六十九条 县级以上人民政府兽医主管部门及其工作人员违反本法规定，有下列行为之一的，由本级人民政府责令改正，通报批评；对直接负责的主管人员和其他直接责任人员依法给予处分：

（一）未及时采取预防、控制、扑灭等措施的；

（二）对不符合条件的颁发动物防疫条件合格证、动物诊疗许可证，或者对符合条件的拒不颁发动物防疫条件合格证、动物诊疗许可证的；

（三）其他未依照本法规定履行职责的行为。

第七十条 动物卫生监督机构及其工作人员违反本法规定，有下列行为之一的，由本级人民政府或者兽医主管部门责令改正，通报批评；对直接负责的主管人员和其他直接责任人员依法给予处分：

（一）对未经现场检疫或者检疫不合格的动物、动物产品出具检疫证明、加施检疫标志，或者对检疫合格的动物、动物产品拒不出具检疫证明、加施检疫标志的；

（二）对附有检疫证明、检疫标志的动物、动物产品重复检疫的；

（三）从事与动物防疫有关的经营性活动，或者在国务院财政部门、物价主管部门规定外加收费用、重复收费的；

（四）其他未依照本法规定履行职责的行为。

第七十一条 动物疫病预防控制机构及其工作人员违反本法规定，有下列行为之一的，由本级人民政府或者兽医主管部门责令改正，通报批评；对直接负责的主管人员和其他直接责任人员依法给予处分：

（一）未履行动物疫病监测、检测职责或者伪造监测、检测结果的；

（二）发生动物疫情时未及时进行诊断、调查的；

（三）其他未依照本法规定履行职责的行为。

第七十二条 地方各级人民政府、有关部门及其工作人员瞒报、谎报、迟报、漏报或者授意他人瞒报、谎报、迟报动物疫情，或者阻碍他人报告动物疫情的，由上级人民政府或者有关部门责令改正，通报批评；对直接负责的主管人员和其他直接责任人员依法给予处分。

第七十三条 违反本法规定，有下列行为之一的，由动物卫生监督机构责令改正，给予警告；拒不改正的，由动物卫生监督机构代作处理，所需处理费用由违法行为人承担，可以处一千元以下罚款：

（一）对饲养的动物不按照动物疫病强制免疫计划进行免疫接种的；

（二）种用、乳用动物未经检测或者经检测不合格而不按照规定处理的；

（三）动物、动物产品的运载工具在装载前和卸载后没有及时清洗、消毒的。

第七十四条 违反本法规定，对经强制免疫的动物未按照国务院兽医主管部门规定建立免疫档案、加施畜禽标识的，依照《中华人民共和国畜牧法》的有关规定处罚。

第七十五条 违反本法规定，不按照国务院兽医主管部门规定处置染疫动物及其排泄物，染疫动物产品，病死或者死因不明的动物尸体，运载工具中的动物排泄物以及垫料、包装物、容器等污染物以及其他经检疫不合格的动物、动物产品的，由动物卫生监督机构责令无害化处理，所需处理费用由违法行为人承担，可以处三千元以下罚款。

第七十六条 违反本法第二十五条规定，屠宰、经营、运输动物或者生产、经营、加工、贮藏、运输动物产品的，由动物卫生监督机构责令改正、采取补救措施，没收违法所得和动物、动物产品，并处同类检疫合格动物、动物产品货值金额一倍以上五倍以下罚款；其中依法应当检疫而未检疫的，依照本法第七十八条的规定处罚。

第七十七条 违反本法规定，有下列行为之一的，由动物卫生监督机构责令改正，处一千元以上一万元以下罚款；情节严重的，处一万元以上十万元以下罚款：

（一）兴办动物饲养场（养殖小区）和隔离场所，动物屠宰加工场所，以及动物和动物产品无害化处理场所，未取得动物防疫条件合格证的；

（二）未办理审批手续，跨省、自治区、直辖市引进乳用动物、种用动物及其精液、胚胎、种蛋的；

（三）未经检疫，向无规定动物疫病区输入动物、动物产品的。

第七十八条 违反本法规定，屠宰、经营、运输的动物未附有检疫证明，经营和运输的动物产品未附有检疫证明、检疫标志的，由动物卫生监督机构责令改正，处同类检疫合格动物、动物产品货值金额百分之十以上百分之五十以下罚款；对货主以外的承运人处运输费用一倍以上三倍以下罚款。

违反本法规定，参加展览、演出和比赛的动物未附有检疫证明的，由动物卫生监督机构责令改正，处一千元以上三千元以下罚款。

第七十九条 违反本法规定，转让、伪造或者变造检疫证明、检疫标志或者畜禽标识的，由动物卫生监督机构没收违法所得，收缴检疫证明、检疫标志或者畜禽标识，并处三千元以上三万元以下罚款。

第八十条　违反本法规定，有下列行为之一的，由动物卫生监督机构责令改正，处一千元以上一万元以下罚款：

（一）不遵守县级以上人民政府及其兽医主管部门依法作出的有关控制、扑灭动物疫病规定的；

（二）藏匿、转移、盗掘已被依法隔离、封存、处理的动物和动物产品的；

（三）发布动物疫情的。

第八十一条　违反本法规定，未取得动物诊疗许可证从事动物诊疗活动的，由动物卫生监督机构责令停止诊疗活动，没收违法所得；违法所得在三万元以上的，并处违法所得一倍以上三倍以下罚款；没有违法所得或者违法所得不足三万元的，并处三千元以上三万元以下罚款。

动物诊疗机构违反本法规定，造成动物疫病扩散的，由动物卫生监督机构责令改正，处一万元以上五万元以下罚款；情节严重的，由发证机关吊销动物诊疗许可证。

第八十二条　违反本法规定，未经兽医执业注册从事动物诊疗活动的，由动物卫生监督机构责令停止动物诊疗活动，没收违法所得，并处一千元以上一万元以下罚款。

执业兽医有下列行为之一的，由动物卫生监督机构给予警告，责令暂停六个月以上一年以下动物诊疗活动；情节严重的，由发证机关吊销注册证书：

（一）违反有关动物诊疗的操作技术规范，造成或者可能造成动物疫病传播、流行的；

（二）使用不符合国家规定的兽药和兽医器械的；

（三）不按照当地人民政府或者兽医主管部门要求参加动物疫病预防、控制和扑灭活动的。

第八十三条　违反本法规定，从事动物疫病研究与诊疗和动物饲养、屠宰、经营、隔离、运输，以及动物产品生产、经营、加工、贮藏等活动的单位和个人，有下列行为之一的，由动物卫生监督机构责令改正；拒不改正的，对违法行为单位处一千元以上一万元以下罚款，对违法行为个人可以处五百元以下罚款：

（一）不履行动物疫情报告义务的；

（二）不如实提供与动物防疫活动有关资料的；

（三）拒绝动物卫生监督机构进行监督检查的；

（四）拒绝动物疫病预防控制机构进行动物疫病监测、检测的。

第八十四条 违反本法规定，构成犯罪的，依法追究刑事责任。

违反本法规定，导致动物疫病传播、流行等，给他人人身、财产造成损害的，依法承担民事责任。

第十章 附 则

第八十五条 本法自 2008 年 1 月 1 日起施行。

附录5 中央储备肉管理办法

（商务部、财政部2007年发布）

第一章 总 则

第一条 为了加强中央储备肉（以下简称储备肉）管理，确保储备肉数量真实、质量合格和储存安全，做到储得进、管得好、调得动、用得上，有效发挥其作用，制定本办法。

第二条 本办法所称储备肉，是指国家用于应对重大自然灾害、公共卫生事件、动物疫情或者其他突发事件引发市场异常波动和市场调控而储备的肉类产品，包括储备活畜（含活猪、活牛、活羊，下同）和储备冻肉（含冻猪肉、冻牛肉、冻羊肉，下同）。

第三条 储备肉实行常年储备、定期轮换制度。

第四条 从事储备肉管理、监督、储存、加工等活动的单位和个人，适用本办法。

第二章 职责分工

第五条 商务部负责储备肉的行政管理，审定储备肉区域布局及代储企业、储存库、活畜储备基地场（统称承储单位）和加工企业的资质，对储备肉数量、质量和储存安全实施监督检查；负责储备肉财政补贴的预算编制和资金的申领。

第六条 财政部负责储备肉财政财务管理，安排和管理储备肉财政补贴资金，会同财政部驻各地财政监察专员办事处（以下简称专员办）监督检查有关财务秩序和财政补贴资金使用情况等。

第七条 中国农业发展银行负责按照国家有关信贷政策和储备肉计划安排储备肉贷款，对储备肉贷款实施信贷监管，确保资金安全。

第八条 商务部委托的操作单位按照本办法的有关规定组织实施储备肉入储、加工、更新轮换及动用工作，负责储备肉日常管理和台账系统的建设、运行与维护，及时上报储备肉业务、财务报表和报告，并提出储备肉计划安排建议。

第九条 商务部委托的质检单位按照国家有关规定和卫生质量安全标准组织实施储备肉公证检验和全程卫生质量安全监控工作，出具公证检验报告，并对检验结果负责，确保检验结果真实、准确。

第十条 承储单位负责储备肉在库（栏）管理工作，接受有关部门和单位监督；严格执行储备肉计划等有关管理规定，及时报送储备信息业务、财务报表和报告；在规定的保管期限内确保储备肉数量真实、质量合格及储存安全，及时办理储备肉财政补贴申领等有关事项。

第十一条 有关省、自治区、直辖市、计划单列市及新疆生产建设兵团商务主管部门应支持和配合储备肉管理工作，按有关要求择优推荐承储单位和加工企业，督促承储单位和加工企业及时落实储备肉计划。

第三章 资质管理

第十二条 商务部对承储单位和加工企业实行资质审定和动态管理制度。

第十三条 代储企业应具备下列条件：具有独立法人资格的肉类行业企业；具有符合国家有关标准和技术规范要求的全资储存冷库、活畜储备基地场（以下简称基地场），或持有储存冷库、基地场所在企业5％以上股份；地方代储企业与基地场（分公司除外）必须在同一省（自治区、直辖市）；具有组织、管理基地场的能力及稳定的销售网络，能够承担储备肉的安全责任；自身及基地场财务状况良好，具有较好的商业信誉、较强的抗风险能力和健全的财务管理制度，资产负债率低于70％。

储存冷库应符合中央储备冻肉储存冷库有关资质标准。牛羊肉储存冷库应是经国家有关部门批准确认的清真库。冷库储存能力在3000吨以上。

基地场应符合中央储备肉活畜储备基地场有关资质标准。

第十四条　储备冻肉加工企业应具备下列条件：冻猪肉加工企业应依法取得生猪定点屠宰加工企业资格，具备《生猪屠宰加工企业资质等级要求》（SB/T10396－2005）规定的四星级以上（含四星级）的资质条件，产品质量应符合《分割鲜、冻猪瘦肉》（GB9959．2—2001）要求；冻牛、羊肉加工企业应符合《畜类屠宰加工通用技术条件》（GB/T17237－1998）及《牛羊屠宰产品品质检验规程》（GB18393－2001）的要求，冻牛肉产品质量符合《鲜、冻分割牛肉》（GB/T17238－1998），冻羊肉产品质量符合《鲜、冻胴体羊肉》（GB9961－2001）。

第十五条　具备第十三条、第十四条规定条件的中央企业（由国务院国有资产监督管理委员会履行出资人职责的国有及国有控股企业）和加工企业直接向商务部申请审定承储或加工资质。其他企业通过当地商务主管部门逐级向上申请审定承储资质。

第十六条　商务部会同有关部门和单位，依照本办法规定对申报承储单位和加工企业进行资质审定，公布取得资质的承储单位和加工企业名单。

第四章　入储管理

第十七条　商务部根据布局合理、成本和费用节省、便于集中管理和监督的原则，选择储备肉承储单位和加工企业。

第十八条　根据储备肉储存规模、品种结构和市场调控工作需要，商务部会同财政部和中国农业发展银行向操作单位、有关省、自治区、直辖市、计划单列市及新疆生产建设兵团商务主管部门下达储备肉入储计划，并抄送财政部驻有关省（自治区、直辖市、计划单列市）专员办、质检单位和承储单位。

第十九条　储备冻肉加工和入库原则上实行招标采购办法和

送货到库制，采购上限价由商务部、财政部确定，操作单位负责组织实施。

第二十条 储备活畜每吨分别按活猪 20 头、活牛 6 头、活羊 60 只折算。储备存栏活畜体重，活猪在 60 公斤以上，活牛在 400 公斤以上、活羊在 20 公斤以上。

第二十一条 承储单位根据储备肉入储计划向操作单位提供银行出具的担保证明，或以资产抵押，或缴纳保证金。储备冻肉资产抵押或保证金标准为入库成本的 1%，储备活猪、活牛、活羊资产抵押或保证金标准，每头分别为 40 元、130 元、13 元和 10 元、30 元、3 元。

第二十二条 操作单位根据储备肉入储计划与承储单位签订合同，明确双方的权利、义务和责任等事项。自合同签订之日起 15 个工作日内办妥资产抵押、担保手续或足额交付保证金，并按计划入储。

第二十三条 操作单位和承储单位应按时落实储备肉入储计划。储备冻肉入库数与入储计划的差异不得超过 1%。未经商务部、财政部同意，不得调整更改计划或拒绝、拖延执行。操作单位应及时将储备肉入储计划执行情况报商务部、财政部，并抄送中国农业发展银行。

第二十四条 因承储单位没能按照规定完成储备计划需进行规模内调整计划的，由商务部会同财政部调减或取消其储备计划；因突发事件等特殊情况需超规模紧急收购储备肉的，由商务部会同财政部视情况按有关规定执行。

第五章 在库（栏）管理

第二十五条 储备肉实行专仓（专垛）或专栏储存、专人管理、专账记载和挂牌明示，确保账账相符、账实相符、质量良好和储存安全。

第二十六条 承储单位不得擅自动用储备肉，不得虚报储备肉数量，不得自行变更储备冻肉堆码库、垛位和活畜饲养专栏。

第二十七条　在库（栏）储备肉由北京市专员办监督操作单位通过招标方式统一办理财产保险。

第二十八条　任何单位、企业和个人不得以储备肉对外进行质押、担保或者清偿债务。承储单位进入撤销、解散或者破产程序时，应立即书面告知操作单位，操作单位应及时报告商务部。

第二十九条　操作单位和承储单位依照本办法及国家有关规定，建立健全内部各项管理制度，严格在库（栏）管理。承储单位应加强储备肉日常管理，发现问题，及时报告操作单位，操作单位应提出处理意见并及时报告商务部、财政部。

第六章　轮换管理

第三十条　承储单位应在规定的时间内完成储备肉轮换。冻猪肉原则上每年储备 3 轮，每轮储存 4 个月左右。冻牛、羊肉原则上不轮换，每轮储存 8 个月左右。活畜原则上每年储备 3 轮，每轮储存 4 个月左右。

第三十一条　储备冻猪肉由操作单位按计划组织承储单位及时轮换。储备活畜应根据育肥情况适时轮换。

第三十二条　储备肉轮出后，承储单位应按计划及时、同品种、保质、等量轮入。特殊情况不能按时轮入的，须报商务部、财政部批准同意，否则按擅自动用储备肉处理。

第三十三条　操作单位应对承储单位的轮换情况进行督促和检查，并将有关情况报商务部、财政部，抄送中国农业发展银行、所在地专员办。

第七章　出库（栏）和动用管理

第三十四条　操作单位根据储备肉出库（栏）计划，组织承储单位按时出库（栏）。

第三十五条　储备冻肉出库采取公开竞卖、就地销售或者商务部和财政部批准的其他方式进行。公开竞卖底价由商务部商财政部确定，操作单位组织实施，实行到库提货制；就地销售按结算价格对承储单位包干，由其自行销售。结算价格原则上由当地专员办参照当地市场批发价格和品质差价核定。

第三十六条 储备活畜出栏由承储单位根据计划自行组织。

第三十七条 出现下列情况之一时，商务部提出动用储备肉计划，商财政部后及时下达动用品种、数量、价格和使用安排：

（一）发生重大自然灾害、事故灾难、突发公共卫生事件和突发社会安全事件等其他突发事件；

（二）全国或者部分地区肉类市场出现异常波动；

（三）其他需要动用的情形。

第三十八条 动用储备活畜的结算价格，原则上按基地场所在省级行政区域平均饲养成本确定。动用储备冻肉的结算价格，参照入库成本、品质差价随行就市，并经当地专员办核定。

第三十九条 操作单位应及时落实储备肉动用计划，并将执行情况上报商务部、财政部，并抄送中国农业发展银行和所在地专员办。任何单位、企业和个人不得拒绝执行或者擅自改变储备肉动用计划。

第八章 质量管理

第四十条 储备肉应符合国家有关卫生质量安全标准。储备冻肉应在入库前30天内生产。

第四十一条 质检单位应在收到商务部委托检验通知后，依据国家储备肉质量公检有关规定在储备活畜出栏前完成公证检验；依据国家储备冻肉质量公检有关规定在储备冻肉入库时进行公证检验。

第四十二条 质检单位应向承储单位出具检验报告书；同时，将储备肉公证检验结果报告商务部，抄送财政部。商务部应对储备肉质量情况进行抽查。

第四十三条 承储单位如对公证检验结果有异议，应在7个工作日内向商务部反映，商务部按有关规定进行处理。

第九章　监督检查

第四十四条　商务部建立储备肉监测系统，对承储单位的基本情况、储备肉动态管理信息和活畜及其产品、饲养原料市场信息进行管理监控。操作单位、承储单位应建立计算机储备肉台账，按有关规定通过台账系统及时向商务部、财政部、操作单位和所在地专员办报送有关信息。

第四十五条　建立储备肉月份统计报表制度。操作单位应在每月后的 5 个工作日内编制《中央储备肉进销存月份统计报表》，及时报送商务部、财政部、中国农业发展银行，并抄送所在地专员办。

第四十六条　商务部、财政部按照各自职责，对储备肉管理进行监督检查。

第四十七条　中国农业发展银行应按照信贷政策有关规定，加强对储备肉贷款的信贷监管，并将监管情况通报商务部、财政部，抄送操作单位。

第四十八条　专员办对承储单位执行储备肉收储、轮换、动用、管理等情况进行检查，并将检查情况上报财政部，抄报商务部、中国农业发展银行。

第四十九条　操作单位应对承储单位执行储备肉计划等情况进行检查，发现问题及时解决，重大问题应报请商务部、财政部处理。

第五十条　承储单位对商务部、财政部及专员办、中国农业发展银行和操作单位的监督检查，应予以配合，不得拒绝、阻挠。

第十章　罚　　则

第五十一条　国家机关工作人员或企业工作人员违反本办法的规定，应依照《中华人民共和国公务员法》、《财政违法行为处罚处分条例》、《行政机关公务员处分条例》和《企业职工奖惩条例》等有关规定给予处理、处分。

第五十二条 操作单位和质检单位违反本办法的规定，由商务部商财政部给予警告，并责令其限期整改；情节严重的，扣拨其管理费和公证检验费补贴，直至取消其业务操作和公证检验单位资格。

第五十三条 加工企业和承储单位违反本办法的规定，由有关部门责成其限期改正，并按规定予以处理。其违法违纪所得由财政部或专员办按有关规定收缴。

第十一章 附 则

第五十四条 本办法由商务部、财政部负责解释。

第五十五条 本办法自2007年9月15日起施行。